処刑の文化史

著者紹介

Jonathan J. Moore　ジョナサン・J・ムーア

メルボルン大学卒業、教育学士。歴史、英語学専攻。20年間、教職と執筆業に携わる。一般には知られていない歴史の局面に興味を持ち、特に青銅器時代のギリシャとエトルリアの都市国家の歴史に造詣が深い。遺跡の発掘作業に数多く参加し、歴史にじかに触れることを楽しむ。アメリカ南北戦争、イングランド内戦、ナポレオン時代などの再調査グループに参加。プライベートでは戦争ゲームを楽しみ、戦争ゲームに関する特殊記事を多数執筆している。

訳者紹介

森本美樹

翻訳家。横浜市在住。日本郵船勤務の後、ロンドン、ボストン、シャーロットに通算18年在住。その間ヨーロッパ各国および全米を旅する。ニューイングランド音楽院、ロンジー音楽院、クイーンズ大学にてピアノを学びボストンでリサイタル開催。ニースピアノ国際コンクール入賞。ロンドンでポーセリンペインティングを学び、ボストンとシャーロットにて教室を主宰。IPAT（インターナショナル・ポーセリンペインティングアーティスト&ティーチャーズ）会員。RYT200（全米ヨガアライアンス指導者資格）取得。趣味はバレエ。

処刑の文化史

2018年　2月5日　初版第一刷発行

著　者　　　　　　ジョナサン・J・ムーア

＜日本語版スタッフ＞
訳　者　　　　　　森本美樹
協　力　　　　　　株式会社トランネット

カバーデザイン　　片岡忠彦
本文DTP　　　　　株式会社明昌堂
SPECIAL THANKS　近谷浩二、永田 衣緒菜（株式会社トランネット）
　　　　　　　　　平野順子、小山猛（株式会社日本ユニ・エージェンシー）
編　集　　　　　　小宮亜里　黒澤麻子

発行者　　　　　　田中幹男
発行所　　　　　　株式会社ブックマン社
　　　　　　　　　〒101-0065　千代田区西神田3-3-5
　　　　　　　　　TEL　03-3237-7777　　FAX　03-5226-9599

ISBN　978-4-89308-890-1

処刑の

文化史

ジョナサン・J・ムーア

森本美樹　訳

首吊り、内臓えぐり、そして八つ裂き

目 次

はじめに

も しも処刑が公開されるとしたら、あなたは見物に行くだろうか？　極悪な連続殺人犯の首切りなら見に行っても、処刑されるのが嬰児殺しのかどで罰せられる、恵まれない若い母親であったなら、道徳的見地から見に行かないだろうか？　床板が外されるなり囚人が瞬時に絶命するという、まことに機能的な処刑ならどうだろう？　あるいは、腕のいい首切り役人に首をはねられ、血しぶきをあげながら前のめりになって死刑台から地面に落下する罪人を見るのを好むかもしれない。死刑の公開執行は、西洋でも20世紀初めまで一般的に行われており、東洋においてはいくつかの国で依然として続いている慣習である。

処刑の歴史

　何千年もの間、公開処刑は民衆を律し、よりよい社会を築くために行われてきた。原始時代の採集狩猟民族ですらも、部族の掟を破るものは処刑された。オーストラリアの先住民社会は、自然と共存してきた長い時間を通して大地への崇拝が深く、またそこで自然と生まれたルールが仲間うちの調和を保っている。このルールを破る者には様々な罰が与えられ、なかでも一番厳しい刑は、一族の面前での公開槍刺しであった。

　古代ローマでは公開処刑を劇場で行い、全ローマ市民にむけて法を犯すとどうなるのかを知らしめた。処刑の方法で最もよく知られているのは言うまでもなく磔である。

　帝政ローマが崩壊すると、西ヨーロッパにおける処刑は、自然と原始的な方法に逆戻りした。小国の君主らは、危険人物も

左ページ：1615年、スコットランド。聖ジョン・オギルビーの処刑に使われたのは1本のロープとナイフだけだった。

しくは犯罪人とみとめるや、一分の躊躇もなくさっさと斬首刑や絞首刑にかけた。ヨーロッパに独立国家が出現すると、処刑の見世物的傾向が復活し、様々な残虐な処刑を行う処刑執行の専門家が生まれた。だが本当に大量処刑が大衆を惹きつけるようになったのは、フランス革命勃発後のことである。下級貴族を銃殺刑に処したナポレオン（1804年3月、アンギャン公と呼ばれるルイ・アントワーヌ・ド・ブルボンは、捏造された罪状により処刑された）に対し、ロシアの君主は、神をも恐れぬコルシカの暴君を必ず失脚させなければならぬと言ったが、大流行したギロチンの使用を廃止したのは他でもないナポレオンであった。

19世紀後半までには、処刑はほとんど屋内で行われるようになった。フランス、イギリス、アメリカなどでは処刑を見ようと群衆が押し寄せ、興奮して特等席を奪い合い、それが暴動化して死者が出るほどであった。民主政府は、国民がこのように流血をめぐって騒いでも何のためにもならないと考え、以降、処刑は選ばれた法的執行人および報道関係者のみに公開すると定めた。

処刑を非公開とするこの新しい風潮は、ボルシェビキやナチスが、反体制派を一般に知られることなく思いのままに取り締まるのに好都合であった。ナチス支配下のドイツ人は、真夜中にゲシュタポに連行されていった者は、ほぼ例外なくギロチンにかけられる運命だとわかっていたし、スターリン体制下のロシア人もまた、秘密警察に連行されれば、内部人民委員部の地下室で後頭部を撃ち抜かれるのだと知っていた。

21世紀のアメリカでも処刑劇は続いている。現代の処刑劇は、広場に押し寄せた民衆が血を求めて吠えたてるのではなく、法廷で繰り広げられる。死刑囚は何とか死の淵から這い上がり生き延びようと幾度となく法廷に立ち、劇は繰り返される。一方で、一党独裁の州では反体制派や罪人はいとも簡単に処刑される。

生々しい歴史

本書で人間の行ってきた処刑すべてを網羅することはできないが、世界で行われてきた、なかでも恐ろしい処刑方法に目を向けてみよう。ローマ時代に描かれた挿絵により、ローマ帝国の罪人たちがどんな末路をたどったのか詳しく知ることができる。対照的に、中世に描かれたものはあまり残っておらず、当時の処刑方法はあまりよく知られていない。

上：ヨーロッパの田舎にはあちこちに死の道具がころがっている。それぞれの町に独自の処刑場があり、さらし台や絞首台が設置されている。

印刷機の発明により、中世後期からルネッサンス期の人々は、当時の恐ろしい拷問や死刑を生々しく描写し表現できるようになった。恐ろしい死刑とは、釜炒り、石打ち、首絞め、斧打ち、滅多切り、溺死、目玉えぐり、串刺し、引き裂きなどである。斬首には、ヨーロッパ大陸では剣が使われ、一方イギリスでは斧が好まれていた。ここに挙げた処刑方法は本書ですべて説明している。

イギリスにおけるロング・ドロップ絞首刑（訳注：首縄をかけた囚人の足元の板を外して数メートル落下させる方法）やフランス、ドイツにおけるギロチンなどの効率よい処刑方法は、近世になって発明された。アメリカもまた、長年の問題であった処刑時の苦痛を軽減すべく、電気椅子やガス室、致死注射などの新しい処刑方法を開発した。これら最新の処刑方法が本当に苦痛を軽減したかどうかには議論の余地がある。歴史上最悪の、世にも恐ろしい不手際は、これら新手法を取り入れたときに起こっているのだ。

今日の死刑

　死刑は依然として世界中で一般的に行われている。2014年、世界54カ国中、約2,500人が法に基づいて死刑宣告を受け、死刑が執行された。また多くの国で、司法手続きを踏まずに秘密裏に行われている処刑を考えに入れると、実際に処刑された人数はさらに多いということになる。反体制勢力はこのように秘密裏に処刑される可能性が高い。

　常時2万人以上の死刑囚が死刑執行を待っている。今日多く採用される処刑方は絞首刑、銃殺刑、致死注射刑である。2014年、なかでも多くの処刑が行われた国々は、アメリカ35人、イラクで少なくとも61人、サウジアラビアでは90人以上、イラン289人であった。

　現在他に死刑制度を採用している国は、アフガニスタン、バーレーン、バングラディッシュ、ベラルーシ、チャド、コンゴ民主共和国、キューバ、エジプト、エチオピア、インド、インドネシア、イラク、日本、ヨルダン、クウェート、レバノン、リビア、マレーシア、北朝鮮、パキスタン、シンガポール、スーダン、台湾、タイ、ベトナムである。一方で、101の国では死刑を禁止しており、他140カ国においては、法により禁止はしていないものの、近年死刑執行はしていない。

右：現在アメリカでは、死刑確定後、その執行までに20年かかることもある。

1

残虐行為

　古代ローマの時代から、処刑における残虐な行為は圧倒的な呼び物だった。中世の終わりからルネッサンス期初めの西洋は、世にも恐ろしい暴力的な公開処刑の真っ盛りであった。当時の処刑執行人には、ロックスター並みの人気を博す者もいたし、民衆は趣向を凝らした新手の処刑に熱狂した。処刑を見世物にするために巨額が投じられ、新たに出現した処刑執行のプロといわれる者たちは、死刑囚に与える罰にありとあらゆる工夫を凝らした。

死の劇場

　古代ローマでは劇場を使って処刑が行われた。法を犯すとどんなことになるかを、全ローマ市民に知らしめるためである。ローマが勢力を広めていくのに伴い、処刑の方法はますます手が込み、見世物色も強くなった。共和政ローマでは奴隷をいかなる方法でいかなる名分において処刑させるかは、奴隷の主人の自由だった。共通したのは、これらの処刑はすべて公開で行われたことである。主人に嫌われた奴隷の処刑法の一つが猛獣刑である。哀れな囚人を馬に踏みつけさせたり、牙をむいたイノシシに襲わせたりした。ちなみにネロ皇帝は暴君として名を挙げられることが多いが、こういった処罰に規制を設け、西暦61年、処刑執行には政務官の許可を要すると定めた。

　共和政ローマに話を戻すと、他に袋詰め刑というものもあった。父親殺しの罪に課せられるこの刑も、やはり公開で行われた。罪人は血に染まる鞭で打たれ、頭部には狼の皮を被せられて手足をきつく縛られた。この状態で、ときと場合により異なる様々な動物、蛇や雄鶏、犬、さらには猿などと一緒に皮の袋に押し込められる。こうして罪人は動物もろとも川や湖に放り込まれて溺れ死ぬのだ。

　共和政から帝政に移ると、統治者らはローマ市民の支持を得ようと、大衆が喜ぶ惨たらしくも過激な見世物を主催し、ただ野蛮であるにすぎなかった処刑は大量処刑へと進化した。罪人の身分が高い場合は速やかに斬首が行われた（「名誉の自決」で、自らの首を掻き切らなかった場合）が、身分が低い者の処刑はより一層残虐であった。

下：死の光景はローマ帝国では日常茶飯事であった。獰猛な動物に襲わせるなどの凄惨な公開処刑が年中行われていた。

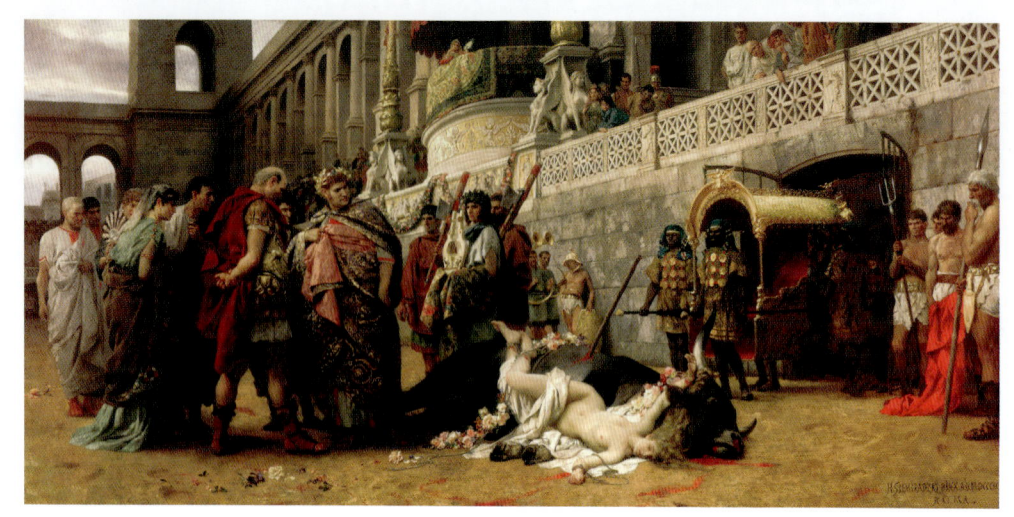

上：ローマ皇帝の人気度は、在任中の闘技場での処刑の数に比例した。

フラウィウス円形闘技場（現在ではコロッセオとして知られている）は剣闘場として悪名高いが、ここだけではなく帝国中の円形闘技場が公開処刑の開催地となっていた。ポンペイで発見されたある手書きの広告に「20組の剣闘士と援護者が、クーマイにて10月5日、6日に戦う。磔および猛獣刑も同時開催」とある。逃亡奴隷や盗人、反逆者などの罪人の処刑が、恒常的に剣闘の休憩時間に行われたが、見物人は処刑を見物するもよし、その間に用を足してくるもよしといったところだ。皇帝クラウディウス（在位 西暦41年〜54年）は、とりわけこの休憩時間中の惨たらしい見世物を好んだ。最初に、まずは殺人罪が決定した者が処刑された。彼らはたいてい剣を使って腹か首を掻き切られ、素早く殺された（剣の刑）。非市民の処刑にはさらなる見世物性が求められ、磔にされたり、火で焼かれたり（火あぶり刑）、また前述のように野獣に殺されたりした。こうした見世物としての処刑はローマ帝国中で繰り広げられ、実に7世紀まで続いたのである。今日同様、人々は常に新しい見世物を求めたので、ローマ帝国の処刑執行人たちは常時新手の処刑方法を考え出すことに必死だった。さもなければ彼ら自身が、闘技場から生きて帰れないということにもなりかねなかったのだ。囚人たちが見物人から蔑みの目で見られ、辱めを受けることが必須だった。

　剣の刑には様々なやり方があった。運がよければ、プロの処刑人により瞬時に首を刎ねられ、速やかにあの世へ行けるのだが、もっと時間をかけた拷問もあった。2人の罪人、おそらく剣の使い方など殆ど、もしくは全く知らない者同士が剣を手に防具なしで闘技場に立たされ、どちらかが死に絶えるまで叩き切りあう

というのもあった。勝者のほうが死刑を免除されるわけではない。次の罪人が闘技場に押し出され、残り最後の1人になるまで同じことが繰り返されるのだ。最後の1人すら死刑を逃れるわけではない。完全にプロである剣闘士が、最後の1人を殺害するよう命じられる。

　動物は、奴隷や非市民といった餌食を襲うよう訓練された。この処刑方法は、もともと軍が脱走兵を処刑するのに使われた方法だ。象を使って、縛りつけた兵士を踏みつけさせたのだった。闘技場における猛獣刑にはいろいろな形があった。鉄の首輪をつけられチェーンでつながれた罪人たちが、一列になって闘技場に連れ込まれ、そこに飢えた猛獣を放し彼らを襲わせる。あるいは罪人が柱に括りつけられ、小さな馬車に乗せられて闘技場に運び込まれたところを、豹やライオンに襲わせることもあった。あるものは血にまみれた獣の皮を腹に巻かれて、興奮した野犬に食いちぎられた。また、両手を縛られた状態で待ち受ける肉食獣の前に押し出され、狂わんばかりの恐怖を味わった者もいたであろう。あるときは裸の罪人らが雄牛の背に縛りつけられ、雄牛もろとも豹にとどめを刺された。磔は死に至るのに時間がかかるため、闘技場で行われる場合には他の方法を合わせて執行されたようだ。磔にされた罪人の腹や足を猛獣が食いちぎることもあったし、磔にされ、生きたまま焼かれることもあった（火あぶり刑）。

下：大勢のキリスト教徒がローマの円形闘技場で野生動物の餌食になった。役目を果たさない動物は、調教師の食料となった。

車輪刑

　神聖ローマ帝国のドイツ王国でよく採用された車輪刑は、地方によっては18世紀まで執行されていた。この処刑方は、死刑囚に与える刑の時間の長さを正確にコントロールできた。1762年、フランス、トゥールーズのある裁判官は、我が子を殺し有罪となった商人、ジャン・カラスの刑を、coup de grace（とどめを刺す）前に2時間の骨砕きを執行するとの判決をくだした。極端な場合には数日間そのまま生かされたようだ。

　まず死刑執行人は、囚人の腕や脚が大きな車輪の骨組みの間にくるようにして縛りつける。その後、処刑用に特別にしつらえられた金属の棒で、両腕両脚を順番に数か所叩き折る。裁判の判決や王の命令通りに、囚人の命を引き延ばすのが死刑執行人の任務であったので、生命維持に重要な器官は傷つけないこと、また出血も極力少なく抑えることが大事だった。膝下や手首などより、まずは大腿骨や上腕が折られたと想像される。小さな骨がたくさんある部分をつぶしてしまうと、骨の細かな破片が皮膚を突き破り、出血の可能性が高くなるからだ。この方法で与えられる苦痛はいかばかりであったか。しかもこれで終わりではない。最後には膝の皿や肘、手を叩き砕かれた。

　「体の下部から上部へ」と向かって砕いていくと、命は伸びて、受ける苦痛は最大となる。両足、両脚、両手、両腕を順番につぶし、最後に首か頭にとどめを刺す。「体の上部から下部へ」砕いていく方法は、四肢を砕き終わる前に囚人が意識を失うか、あるいは死亡してしまう。刑罰に関する裁判所の判決の内容は非常に綿密であった。もちろん刑が罪状に妥当であるためであるが、死刑執行人の報酬が刑罰により細かく違うからでもあった。1782年、セルビアのある死刑執行人は、「下から上へ」の処刑で20フローリン、「上から下へ」の処刑では18フローリンの報酬を受けた。

上：車輪刑は、車輪に縛りつけられて四肢を折られる凄惨極まりない公開処刑であった。

左ページ：聖カタリナ（西暦287〜305年）は車輪刑を言い渡されたが、彼女が触れると車輪は砕け散ったと言い伝えられている。彼女はその後、首切りの刑に処された。

　定められた時間が経過すると、囚人はいろいろな手段でとどめを刺された。よく使われたのは心臓を胸の上から何度か強打する方法で，これでたいていことが足りたが、さらに見世物的要素を求められる場合は、三日月型の剣をセットした特別な車輪を使って、囚人の頭部を切り落とすという方法もあった。仕事の仕上げには、その同じ剣を使って遺体を切り刻み、湯気をあげる肉片を車輪に積み上げ、ぞっとする代物全部を柱の上に高々とかざして見世物にした。クラゲのようになった腕や脚が車輪の骨組みに絡まってしまうこともあった。頭部は車輪の軸部に大釘で刺された。これはドイツ版のさらし刑（P19参照）である。通りを行くものは、自分もこんな目にあう前にと思いながら、道を変えたに違いない。ときには鉄の棒の代わりに、小さな車輪を使って手足を叩きつぶすこともあった。

　フランスでは行政官の恩情により、恩赦を与えることができた。それにより死刑囚は一、二撃を受けた後、速やかに窒息させてもらえた。ありがたい恩赦の真逆が、ロシア、トルコ他、東ヨーロッパで行われた車輪刑だ。ひと思いにとどめを刺される代わりに、車輪に括りつけられた不運な囚人は、まず大きな木槌で四肢を砕かれる。その後、腕や脚をひねったり裏返したりしながら、車輪の骨組み

を縫うように巻きつけられる。挿絵には、胴体と頭部が正面を向き、四肢は180度ねじられている様子がよく描かれている。囚人はそのまま生きて車輪に乗せられたまま、地面に立てた高い柱の上にさらされる。苦痛に満ちた死への長い時間、遺体の目玉は鳥についばまれたに違いない。

左：砕かれた四肢は車輪に絡める。頭部は車輪中央の軸に刺されることもあった。

さらし台と足かせ台

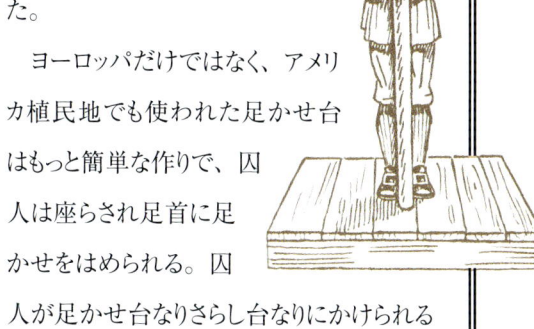

　両方とも、さらし者にされる囚人の動きを規制するために自治体当局により利用された。この罰自体は死刑を目的としたものではなかったが、足かせ台やさらし台にかけられた囚人は、野次馬から暴行を受けて結局は死に至ることがよくあった。

　さらし台の種類は、ヨーロッパの村や町の数だけあったが、基本的な形は同じであった。まず中央に頭部を入れる穴があり、その両脇に手首を入れる小さな穴がある。手首のための穴は、囚人が飛んでくる石つぶてから頭を守るために手を使えないようにするためだ。頭自体もよけられなくするために、板に両耳を釘で留められることもあった。首と手首とときには足までおさえられるので、囚人は体がつってしまって苦しんだ。さらし台が高く、囚人の背が低い場合は、徐々にのどが締めつけられ死に至ることもあった。さらし台はピロリーと呼ばれ、これはもともとラテン語のspeculariaに由来する。さらし台は通常、町の広場に設置されたが、その場所は町にとって市場を開くに欠かせない場所でもあった。スコットランドでは、さらし台に代わるものが「鉄の首輪」だった。簡単な作りの鉄の首輪とチェーンで囚人を教会の壁や木な

どにつなぎ、首輪を外せないように南京錠をかけた。

　ヨーロッパだけではなく、アメリカ植民地でも使われた足かせ台はもっと簡単な作りで、囚人は座らされ足首に足かせをはめられる。囚人が足かせ台なりさらし台なりにかけられると、町でどの程度憎まれていたかにもよるが、一連の攻撃にさらされることになる。囚人めがけて様々なものが投げつけられた。腐った食べ物、動物の内臓、猫の死骸、人間の排泄物、もっと危険なのは石やブロックだ。市当局の管理があまければなぶり殺されかねない。通常この刑にかけられるのは、腐った肉を売ったり、客に商品の量をごまかしたりといった軽い罪を犯した者であった。より重い罪には他の刑が科された。さらし台にかけられている間に焼き印を入れられたり、耳や指を切り取られたりするケースもあった。ロンドンのチャリングクロスに設置されていたさらし台のように、市民の攻撃をわざとけしかける作りの物もあった。そこでは地面近くでなく、壇上に台を設置して囚人を攻撃の的にしやすくしてあった。

釜炒りの刑

　釜炒りの刑は、チューダー朝の時代（1485〜1603年）にイギリスでよく行われていた処刑方法だ。種類はいろいろあるが、どれも囚人の苦痛は最大限に達する。大鍋に、水、油、獣の脂肪、さらには溶かした鉛などを満たし、そこに囚人を沈めて火をたくか、あるいは沸騰させたところに囚人を投げ入れることもあった。平鍋に油を半分ほど入れ、徐々に温めて文字通り囚人を焼き上げて死に至らしめることもあった。凶悪犯は頭から投げ込まれた。

　1531年、リチャード・ルース、あるいはライス、という名の調理人がロチェスター司祭一家19人に毒を盛った罪で釜炒りの刑に処された。彼は家の者全員のために炊かれたお粥の大鍋に毒を混入した。毒薬を使った罪を犯した者を釜炒りの刑に処する慣習はこの一件からきたのだろう。ヘンリー八世は公判なしでルー

血を見ない処刑

　中世のモンゴルでは、支配者層が処刑されるときには、敬意を表し流血させないために釜炒り刑が採用された。ジンギス・カンの宿敵ジャムカ（1206年没）は70人の貴族を釜炒り刑に処したが、憎き敵部隊の大将の処刑は、首を切ったうえ見せしめのために遺体を馬につないで引きずりまわした。

　モンゴルには他にも様々な血を見ない処刑方法があった。ジンギス・カン（1162〜1227年）打倒を企てたかどで処刑された女貴族は、体の開口部という開口部を縫いあわされて毛布でくるまれ、川に投げ入れられた。アサシン派（十字軍と戦ったイスラム教徒の秘密結社）の指導者、ルクン・アディンの場合は貴族の扱いを受けた。1256年、アサシン派がモンゴルに降伏した際、メンバーは刃にかけられたが、彼自身は殴られ蹴られて死に至ったものの、その皮膚を破られることはなかった。1223年、キエフがカルカ河畔の戦いでモンゴルに敗れたとき、彼らも1滴の血も流さないことを要求した。モンゴルは彼らの条件をのみ、血を流さない代わりにキエフ人たちを縛りつけて地面の大穴に放り込むと、その上に厚板を敷いてふたをした。キエフ人が押しつぶされて息絶えていくその板の上で、モンゴルの指導者たちは勝利の祝宴をはった。

上：日本の大盗賊、石川五
右衛門は1594年、寺の境
内で家族もろとも釜炒りの
刑に処された。

スに死刑を言い渡し、聖職者にかかわる者の特権も却下さ
れた（法により、聖職者は死刑を免除される場合があった）。
ルースは冷たい水に入れられてゆっくりと過熱され、絶命
するまでに2時間もの地獄の責め苦を味わった。フランシ
スコ修道会の記録によるとルースは、「鎖に繋がれ、見せしめのために絶命する
まで何度か鍋から引き揚げられたり熱湯に落とされたりした。この処刑以降、当
局は刑を加減し、先に沸騰させた熱湯に囚人を沈めることにした。

　14世紀のヨーロッパでは、「贋金作り」や「硬貨はがし」（高価なコインの表面
の金属をはがす）など、通貨にかかわる犯罪者が釜炒り刑に処された。犯罪者
は生きたまま煮えたぎる油に落とされた。

生き埋め刑と溺死刑

　これらの処刑は、もともと中世において嬰児殺しの罪などに与えられたものだが、中央ヨーロッパでは17世紀に至るまで、多くの女性が生き埋めにされたり溺れ死にさせられたりした。当時は、婚姻のために教会で誓いを立てる慣習はなく、当事者同士でお互いの意思を確認しあい、その後肉体的に結ばれれば夫妻と認められた。そんなわけで多くの男たちは、若い女性をベッドに引っ張り込む目的でこの制度を悪用し、さんざん悪戯したあと女性をほっぽりだした。幼子をかかえ生活の糧もなく絶望に陥った女性たちは、極刑に値する嬰児殺しに走ったのだった。この場合絞首刑は不適切と考えられた。女性たちが下着をさらすこと、あるいはその下着すらもつけていないことを目にする見物人が不快を感じる可能性があるということで、死刑判決を受けた女性は死刑台の下や広場に生き埋めにされた。

　当然このような長く苦痛に満ちた末路に、女性たちは死に物狂いで抵抗した。1500年ごろのドイツ、ニュールンベルグでのこと、ある死刑囚の女性は「抵抗してあまりにも激しく暴れたため、自分の腕や手足の皮膚が大きく剥がれた」とある。死刑執行人に殴りかかる者もいた。囚人があまりにも激しく暴れる場合は、手足をしばり心臓に木の杭を打ち込んだ。

　これより一般的なのが、若い女性を麻袋に詰め込んで川に投げ込む方法だった。スイスでは船で川に出て、そこから投げ込んだ。またニュールンベルグのように、処刑のための特別な桟橋を建設し、桟橋の上から投げ込む方法もあった。しかし、この処刑はいつも首尾よくいくとは限らなかった。暴れまわる人間を竿でもって水中におさえるのだが、どうしても滑りやすいのだ。16世紀のニュールンベルグでのこと、死刑執行人の助手が使っていた竿が途中で折れてしまった。すると悲鳴をあげながら囚人が腕を水面に突き出した。なんと15分ほども水中で生きながらえていたのだ。1500年、同じニュールンベルグである女性死刑囚は、水中で麻袋から抜け出して桟橋まで泳いで戻った。ワインを4リットルくらい飲んでおいたのがよかったと彼女は語った。当局は彼女の話に耳を傾けることもなく、その後彼女に生き埋め刑を処した。

　とりわけ悲惨な事件が、1588年、新生児2人の殺害をほう助し、溺死刑に処されたマルガレータ・ヘーンラインにまつわる話だ。マルガレータの夫、ゲオルク・ヘーンラインは、ヨブスト・クナウや他の悪仲間たちと

左ページ：ヨーロッパの町の広場は、あるときは市場として、またあるときは処刑場として利用された。

上：キリスト教徒が受けたの
は猛獣刑ばかりでなく、拷
問を受けたうえで溺死刑に
処されることもあった。

フランコニアの森をうろついて、盗みを働いたり、女を強姦したり、
旅人や町人を殺したりしていた。仲間の1人がヘーンラインの家で
出産したとき、クナウは赤ん坊に洗礼を施したあとその手を切り落
とした。その後赤ん坊ののどを掻き切り裏庭に埋めた。後日、今度
はマルガレータが赤ん坊を産むと、クナウは先に赤ん坊を絞め殺し
てからその手を切り落とした。この出来事の後マルガレータは、仲間たちがこの
ことを通報しないように祈りながら、食べ物や飲み物を出し続けた。この身の毛
もよだつ犯罪に対し、ニュールンベルグ議会はマルガレータを罰するために溺死
刑を復活させた（少し前にこの刑は廃止されていた）。男たちは焼けたペンチで
拷問を受けた後、車輪の刑に処された。

　拷問にかけられたクナウとゲオルク・ヘーンラインの証言により、赤ん坊の手
を切り落とすのは昔から伝わる迷信のためであることがわかった。男の新生児の
手は縁起がいいだけではなく、その手を8日間、できれば納屋のなかに埋めてお
くと、姿を消す道具として使えるというのだ。クナウはこのお守りをいつも使っ
ていた。空き巣に入るときに見つからないよう姿を消すため、小さな赤ん坊の指
をろうそく代わりにした。ヘーンラインは死刑執行人のロープを盗んだことがあ
ったが、このロープを身に着けていると銃で撃たれても死なないと信じていた。

籠吊るしの刑

　籠吊るしは公開処刑として始まった。国家反逆罪、殺人、父親殺しなどの犯人は鉄の籠に入れられ、町の城壁や広場に吊るされ、餓死に至るまで風雨にさらされる。この処刑方法は、17世紀になると禁止され、以降は死刑執行済みの囚人の遺体をさらすようになった。死刑囚たちは、町の鍛冶屋が体のサイズを測りにやってくると、処刑日が近いことを知るのだった。籠吊るしの刑に処されたものに棺桶はいらない。吊るされている間にその身は腐って籠の足元に落ち、肉を失った骨はバラバラになってあたりに散乱するからだ。多くの囚人は犯罪の現場に吊るされた。

　籠吊るしは、大英帝国中で執行された。1815年当時、タスマニアのホバートに寄港する船を最初に迎えるのは、悪名高き山賊軍団の長、ジョン・ホワイトヘッドの籠吊るしにされた遺体だった。続いてメンバーの1人リチャード・マグワイアも籠吊るしにされ、2人はピンチガット島にしばらく吊るされた。その後、見るも恐ろしい状態になった遺体は、流刑地の住人の目に触れるよう籠ごと町の近くに移された。

　大英帝国で最後に籠吊るしの刑に処されたのは、同じくタスマニアのジョン・マッケイだった。1837年5月のことである。籠吊るしの刑は数年前に禁止されていたが、犯罪のあまりの惨たらしさに——残忍なるジョセフ・エドワード・ウィルソン殺し——タスマニア知事は刑を復活することにした。マッケイの遺体は鉄の籠に入れられて、パース近くの幹線道路から1500フィート（450メートル）のところに吊るされたので、最初のうちはたくさんの見物人が押し寄せた。最初の興奮もつかの間、ガスで膨らんだ遺体にたかったハエが

右：海賊になろうとする船員をいましめるため、処刑された海賊の遺体は水際に吊るされた。海賊船の船長ウィリアム・キッドは1701年イギリスにて絞首刑に処された。

近所の家や台所に侵入するようになると、今度は文句が殺到した。住民はマッケイの遺体を取り下げるよう要求したが、9月になってようやく埋葬されるまでそこに吊るされたままだった。

大陸ではさらに非道な籠吊るしが行われた。プラハ城の拷問部屋では、鉄の手錠と足かせをかけた囚人を「ブラックホール」（訳注：拷問用に部屋の中央に掘られた穴）の上に吊るした。囚人は地下から引き揚げられると、ありとあらゆる悪魔の道具を使って拷問され、それが済むとばかばかしい装備をつけられたまま、もう一度地下に降ろされるのだった。

斧による斬首

斧や剣による斬首は、古代から盛んに取り入れられた処刑方法であり、現在でもいくつかの国では合法的に行われている。ハリウッド映画に描かれる斧での斬首というと、皮のマスクを被った筋骨たくましく剛力のプロの首切り役人が大きな斧を振り回し、運命をあきらめ、力なく首を垂れる囚人の首を一振りで切り落とすかのように描かれる。しかし、真実は全く違う。首切りの執行人は軽犯罪者か、あるいは通りから引っ張ってこられ酒を飲まされた浮浪者であることが多か

った。死刑執行人の多くが、恐ろしくも不器用なことをしでかした。その理由は、酒を飲まされていたり経験が無かったためだけではなく、斧自体の刃が鈍くて一瞬では仕事が済まず、処刑に時間がかかってしまうこともあった。通常、処刑用の斧は持ち手が1本の手斧であった。この扱いづらくバランスの悪い道具は、振りかぶるときにねじれやすく、首筋からそれてしまう。囚人の首を乗せる木製の台が斧の衝撃でずれてしまったり、囚人自身が動いてしまったりすると、死刑執行人は改

左：サマセット公は、エドワード四世の命令により1471年に処刑された。

めて狙いを定めなおさなければならず、苦痛の時間はさらに伸びた。斧が首筋の太い腱にあたってしまうとうまく斬首できず、そんなときは斧をのこぎりのようにして使って首と格闘する。斧の刑は、首吊りよりも名誉を汚さないと考えられ、貴族など身分の高い者の処刑に採用されたが、真に恩恵を受けたとは言いがたい。

　スムーズな処刑の障害になるのは、囚人自身であることもあった。ソールズベリーの女伯爵マーガレット・ポールが、ロンドン塔での斬首刑を言い渡された1541年、彼女は67歳だった。敬虔なカトリック教徒であった彼女は、国家反逆罪の罪をきせられた。何の慰みもなく2年の間塔に閉じ込められても、彼女は最後まで気丈だった。膝まずいて首をブロックの上に差し出すのを断り「反逆者ならそうするでしょうよ。私は反逆者ではありません」と言い返した。そして私の首が欲しければ取りに来いと言って、処刑台の周りを逃げ回った。

右：ヨーロッパの多くの博物館に斧とブロックが展示されている。原始的かつ無情な処刑道具である。

上：ソールズベリーの女伯爵は、67歳にして極めて頑健だった。絶命させるには何度も斧を振るわなければならなかった。

　ヘンリー八世の5番目の妻であるキャサリン・ハワードの場合は、マーガレットのときとは正反対だった。彼女はできる限りの威厳を示して死にゆくことを選んだ。死刑台にのぼる動作を、納得いくまで繰り返し練習し、冷静に刑に臨んだおかげで、本番はただの一撃ですべてが済んだ。

　1572年、エリザベス一世に対する大逆罪で斧による斬首刑を言い渡されたノーフォーク公トーマス・ハワードも、同様の冷静さを保とうとした。彼は、処刑執行日を4度にわたり言い渡され、4たび覚悟を決め、そのたびにその覚悟をかわされた。1572年6月、5度目にしてようやく死刑は執行され、気の毒な受刑者に平穏が訪れた。

　ロンドン塔のすぐ外に位置するタワーヒルは処刑にうってつけの場所で、少なくとも1381年から1747年の間は処刑場として使われていた。その不手際さで有名な2件の処刑はここで行われた。その1つが、1685年、叔父であるジェームス二世への謀反により死刑の宣告を受けた、モンマス公ジェームスの処刑である。刑を言い渡される前には、なりふり構わず慈悲を懇願した彼であったが、処刑が決まりその日が近づくにつれ尊厳を取り戻し、斧の刃の状態を自分で確認さえした。自らの指を刃にそわせて状態を確認すると、処刑執行人のジャック・ケッチに斧を手渡した。そのジャック・ケッチこそがへまをやらかした張本人だ。彼の最初の一撃は大きく的を外れ、モンマス公は倒れることもなく、ケッチのほうを振り向くと強くにらんだ。続く数撃も失敗の連続で、最終的にはモンマス公の首を落とすためにナイフを使う始末であった。ケッチの名は死刑執行人の代名詞になっている。

槌の刑

　ローマ教皇領で行われた槌の刑は、執行人に何の技術も必要なかった。とりわけ凶悪な罪を犯した罪人は、処刑台にひっぱりあげられると頭を台に縛りつけられる。死刑執行人は、土鉾や斧、木槌などを振りかざし、罪人の頭を打ち砕く。首尾よく頭蓋骨が割れず、罪人が死亡しない場合は、血を流す豚のごとくのどを掻き切ってから棺桶に押し込むだけだ。ローマ教皇領でのこと、もちろん処刑前には哀れな罪人のために祈りが捧げられた。

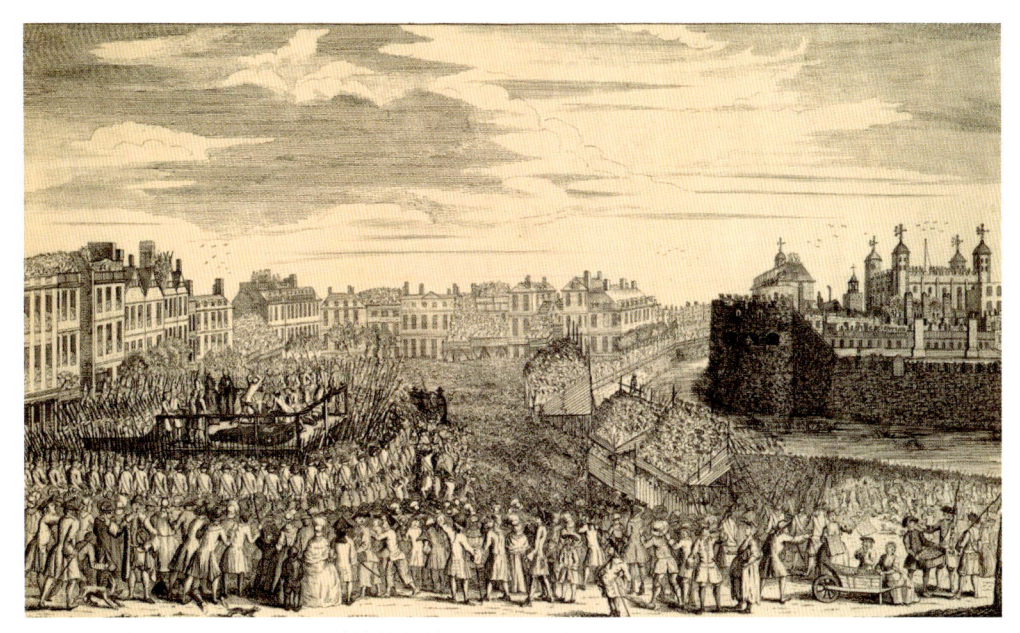

　それでもケッチはプロの死刑執行人だったが、のちの死刑執行人ジョン・スリフトは殺人事件の犯人である以外の何者でもなかった。首切り役人になるか、それとも自分が死刑台にあがるかの選択肢を与えられ、彼は言うまでもなく前者を選んだ。1745年、亡命中であるスチュアート朝を正当なイギリス国王として復位させようとした、ジャコバイトの反乱に加担したかどで死刑を言い渡されたバルメリノ公と

上：イギリスのロンドン塔そばのタワーヒルは、反逆者や貴族たちが処刑を受けた場所である。一般の罪人はタイバーンにて処刑を受けた。この版画は1745～1746年、ジャコバイトの反乱における反逆者たちの処刑を描いている。

キルマーノック伯の処刑がスリフトの最初の仕事だった。キルマーノックはスリフトにしっかりしろと叱責した。この新人の処刑執行人は、処刑台にあがる途中で失神してしまい、目を覚まさせるためにワインを与えられた。斧を落とし、泣きわめいてさらにもう一度気を失い、2人の貴族に許しを請うた。どうにかキルマーノックへの一撃は功をなしたが、バルメリノに対しては、3度もやり直しをする始末だった。

　王妃であったキャサリン・ハワードは、1542年に執行された自身の処刑を、ロンドン塔の処刑広場にて非公開で行うことを要求した。死刑執行の夜、首を乗せる台が彼女の独房に運び込まれた。彼女は台に歩み寄り、祈りを捧げ、そして首を台の上に乗せる一連の動作を、納得いくまで繰り返し練習した。

ピューリタン革命に敗れ、1649年、大逆罪のかどで処刑されたチャールズ一世の場合は、完璧以外の何ものでもなかった。リチャード・ブランドンと、もと肥し運びのウィリアム・ローエンが王の斬首を任命された。ブランドンはかなり用意周到な人物であった。斬首用の首のせ台は高さ10インチ（訳注：約25センチメートル）の低い物を用意させ、王がもがいて処刑執行の妨げになった場合は、床に寝かせた状態で縛りつけられるよう、台の上にしっかりとした4本の又釘を刺した。実際には王は威厳に満ちていた。貴族たちにそれぞれ形見を分け与え、ブランドンには目覚まし時計を与えると、王として最後の命令を出した。両腕を大きく広げるまで斧をふるってはいけないとブランドンに申しつけると、王は白いサテンの帽子をかぶり、そのなかに巻き毛を押し込んで高貴なる首筋を露わにした。床に横たわるまえに、手際のいい仕事をするよう処刑執行人に言い渡すと、ブランドンは声もなく頷くばかりであった。王は横たわり頭の位置を決めると祈り始めた。その後大きな声で「私が合図をする。合図するまで待て」と言った。——沈黙が広がり、そして王は両腕を大きく広げた。まさにその瞬間がブランドンの腕の見せ所であった。彼は一部の隙も無い完璧な仕事をやってのけた。「かくして王の頭はただの一撃で体から切り離されたのだ」。

上：イギリスのチャールズ一世は幸運なことに、腕のいい首切り役人リチャード・ブランドンの手により斬首された。

1813年、ウィンザー城でヘンリー八世の墓やジェーン・シーモアの墓に並ぶチャールズ一世の墓が、ふとしたことから掘り返され遺体を詳しく調べられたことがあった。よく管理された遺体には斧の傷跡がはっきりと見て取れ、埋葬後も血液が染み出していた形跡が残っていた。王室つきの医者ヘンリー・ハルフォードは、記念に王の髪をひと房持ち帰り、とび出していた4番脊椎も持って帰って食卓用の塩入れにした。30年後になってその話を聞いたヴィクトリア女王はそれを快く思わず、脊椎をもとの場所に戻すよう命じた。

覆面仕事

　大衆は処刑を見るのが大好きだったが、処刑執行人の仕事に敬意は表していなかった。気まぐれな中世の民衆は、処刑執行人が不器用な真似をしそうになると、一転してそちらに気を取られ、気に入らないとなると処刑執行人を袋叩きにしたり、ずたずたに引き裂いて殺したりしかねなかった。また、通りすがりの見物人が、処刑に取り掛かっているところで執行人に罵詈雑言をあびせ、物を投げつけてくることもあった。それゆえ、処刑執行人の多くが身元がばれないようにしていたのは当然の

ことだった。1554年、レディー・ジェーン・グレイ――女王に即位し9日後に退位させられた、10代の貴族の令嬢――の処刑執行人は黒のぴったりとした毛織の服を身に着けて顔には悪魔の面をつけ、頭には黒い頭巾を被った。背中に籠を縛りつけて、その上にケープやローブをはおりせむしのように見せかける者もいた。

下：レディー・ジェーン・グレイはマスクをつけた処刑執行人により処刑された。ポール・ドラローシュによるこの作品は処刑の180年後に描かれたもので、事実を正確に表すものではない。

首吊り、内臓えぐり、仕上げは八つ裂き

　有史以来生み出された処刑のうち、間違いなく最も恐ろしい処刑方法だ。〈首吊り、内臓えぐり、最後に八つ裂き〉は極悪な大逆罪に与えられた刑罰だ。イギリスで生まれたこの処刑は1816年まで成文法とされなかった。この処刑は並外れた技術を要した。囚人の首は吊るがとどめを刺してはならず、一度意識を回復させたうえで今度は腹を裂いて内臓をえぐる。えぐり出された内臓や切り取られた性器を目の前で焼かれる一連の手順を目にさせるため、生かしておかなければならないのだ。1660年に言い渡された死刑判決の文言は次の通りだ。

　　……罪人は地元に連れ帰られ、家から橇（そり）で処刑台まで引かれていく。首を吊られ、息のあるうちに腹を裂かれ、性器を切り取られ、内臓はえぐり出され、意識のあるうちにその臓器は目の前で焼かれるのだ。その後、首は切り落とされ体は八つ裂きにされる……

　　『Complete Collection of State Trials and Proceedings for High Treason and Other Misdemeanors, Volume 5』 Thomas Bayly Howell 監修 1816年

左ページ：死刑囚の遺体は、バラバラに切り裂かれたうえで、見せしめのため朽ち果てるまで絞首台にさらされた。

左：初めの頃、処刑には2本の梯子が使われた。罪人は梯子の上で首吊りにされた後、内臓をえぐり出された。

首吊りには、囚人たちの息の根を止めてしまわぬよう、通常長い縄ではなく短いつり輪が使われた。しかしいつも計画通りにいくとは限らなかった。死刑囚の家族が、もうそれ以上の苦痛を囚人に味わわせまいと、法の裁きを無視して首を吊られた囚人の足にしがみついて引っ張り、とどめをさすこともあった。ガイ・フォークス（1605年、火薬陰謀罪にかかわった罪で死刑判決を受ける）は、処刑台から飛び降りて首の骨を折って自殺した。トマス・ハリソン少将（チャールズ一世の死刑判決に署名したかどで、国王殺害罪により死刑）は、内臓をえぐり出される前に処刑執行人を殴り、怒った処刑執行人に首を切り落とされた。ある処刑人などはあまりにも小心者で、囚人の腹にほんの小さな穴をあけ、そこから内臓を少しだけ引っ張り出すことしかできなかったという記録がある。一般的な心遣いとして、女囚の場合は首を吊られた後は、そのまま火で焼かれた。

下：1605年11月5日、熟練死刑執行人により処刑された火薬陰謀事件の犯人たちは、法の力をまざまざと見せつけられた。

カトリックに身を捧げた聖ポリドール・プラスデンはローマで修業を積んだ司祭であるが、プロテスタントが幅を利かせるイギリスに隠密で帰国した際、エリザベス一世への大逆罪で死刑を宣告された。処刑台の上でエリザベス一世への忠誠を誓った彼は特別に刑の軽減を許された。女王の忠臣ウォルター・ローリーは、プラスデンを内臓えぐりに進む前に首吊りで絶命させるよう指示を出した。同時に処刑されたユースタス・ホワイトの場合はそうはいかなかった。彼は腹を割られたあと立ち上がろうとしたが、処刑執行人はユータスを突き倒し、内臓をえぐり出す間、2人の介添人が彼の腕の上に立っておさえつけた。

上：トマス・アームストロングは1684年ロンドンにて絞首刑に処されたのち、原形をとどめないほどの八つ裂きにされた。これは1698年、イギリスの慣習を描いたオランダ画家の作品である。

フランスではさらに衝撃的な手順が踏まれた。囚人が首を吊られ内臓をえぐられるところまではイギリスと同様だが、その後八つ裂きにする際、囚人の四肢を4頭の馬にそれぞれ縛りつけ、馬を四方に走らせるのだ。フランソワ・ダミアンは1757年ルイ十五世の暗殺を試みたが失敗し、腕にかすり傷を負わせるにとどまった。彼に対する刑罰はさらに厳しかった。彼は処刑台に連れていかれる前に牢に入れられ拷問を受けた。焼けたペンチを使って胸や太もも、ふくらはぎ、腕などの肉を剥がされ、溶けた鉛や沸騰した油、溶けた樹脂や蝋、硫黄などを傷の上にかけられた。その後死刑執行人は、フランソワの四肢の関節や腱に短刀で切り込みを入れてほぐしてから4頭の馬に結びつけた。手足がバラバラに裂かれると遺体は（当然この時点で彼は死に絶えている）焼かれて、その灰はあたりにばらまかれた。

多くの場合、頭部は人目につく場所に並べられた。1305年に処刑されたウィリアム・ウォレスの頭がロンドン橋の跳ね橋の上に置かれたのが始まりで、その後この慣習は350年も続いた。

下：フランスでは罪人の八つ裂きには馬がよく使われた。

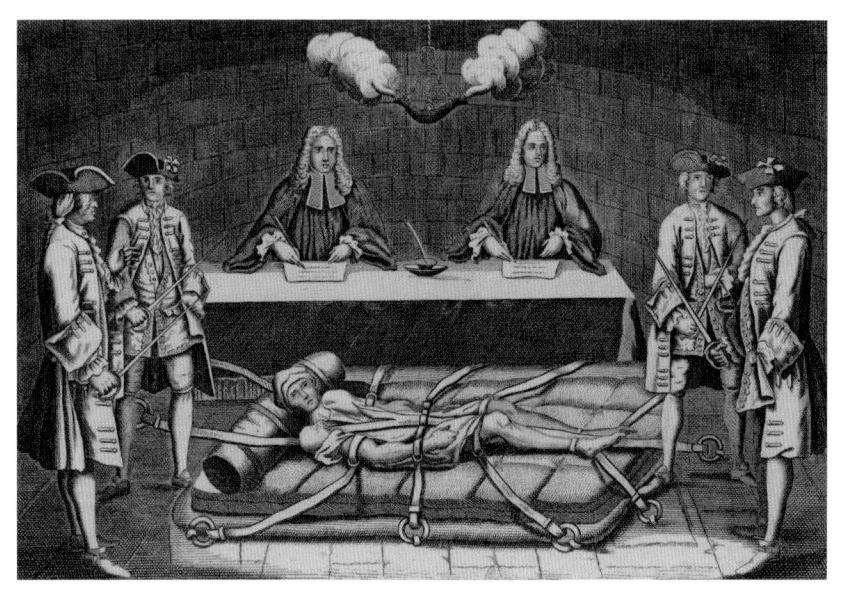

切り取られた頭部は、並べられる前にクミン他いろいろな
ハーブやスパイスで沸かした熱湯で茹でて、長持ちするよ
うに、また鳥をおびき寄せないようにした。カンタベリー大
司教のサイモン・サドベリーは1381年の農民反乱の際に反
逆者の手により殺害され、旧ロンドン橋にその頭部を並べら

上：パリ1757年。シャトレ裁判
所にて裁判官たちの入場を待つ
ロバート・フランソワ・ダミア
ン。裁判の間、罪人たちの尊厳
はいっさい認められなかった。

れる際は、彼の身分が一目でわかるよう頭の上に司教冠を鋲で留められた。当然
のことながら、頭はある程度の期間しかもたないので、しばらくたつと腐って下
の道路に落下し、1772年の『モーニング・クロニク
ル』紙の記事にあるように騒ぎを起こした。「黒
い得体のしれない塊が頭の上から落ちてくる
と、ご婦人方は悲鳴を上げ、男性たちは恐
怖で息をのむのであった。そばにいたご婦
人は、それを目にするなり気絶した」

　ロンドン橋は、海外から到着するとまず
は通るロンドンの入り口であり、そこの水
門小屋に、法を犯すとどうなるかを見せし

右：反逆者たちの門、旧ロンドン橋。
「頭の管理人」は処刑された反逆者た
ちの頭が通行人の上に落ちないよう気
を配らなければならなかった。

める頭がずらりと並んでいるわけだ。一番多いときで34の頭が並んだという。陳列された頭は、「頭の管理人」に丁寧に管理された。新しく届いた頭を矛に刺してしっかり固定したり、並べた頭がいつごろまでもつかを判断したりするのも彼らの仕事だった。水門小屋に無料で住むことができ、また少しの報酬も得られるということで、この仕事はなかなかの人気だった。陳列された頭が汚らしく腐って臭い始めると、管理人はそれを下のテムズ川に投げ捨てた。トマス・モア（1478〜1535年）やヘンリー八世の側近トマス・クロムウェル（1485〜1540年）を含め、陳列された頭はほとんどが男性の物であったが、1534年に処刑された預言者であった修道女エリザベス・バートンの頭もそこに並べられていた。

シティ（訳注：ロンドン中心部の金融街）の西の端にあるテンプル門にも、1770年まで切り取られた頭部が陳列されていた。テンプル門では、観光旅行者がよく見えるようにと望遠鏡を貸し出していた。

王殺し

1649年のチャールズ一世の死刑判決に署名をしたオリバー・クロムウェルを含め、王殺しの罪人もまた1660年の王政復古後、首吊り、内臓えぐり、八つ裂きの刑に処された。刑の判決を受ける時点で、ほとんどの罪人はずっと前に死亡していたので、墓から掘り返さなければならなかった。王党派の時事解説者ジョージ・ウォートンは1662年にこのように記している。

クロムウェル、アイアトン、ブラッドショーの憎むべき遺体が、チャールズ一世の処刑記念日にそりに乗せられてタイバーン（ロンドンの大逆罪者処刑の中心地）までひいていかれ、棺桶から引きずり出された。3人の遺体は日の入りまで吊るされ、その後、柱から引きずり降ろされ、首を刎ねられ、忌まわしい胴体は処刑台の下の深い穴へと放り込まれた。

『Oliver Cromwell and His Times』 Thomas Cromwell著
1822年

左：1661年、オリバー・クロムウェルの遺体は死後3年たってから掘り返され、首吊りにされ、内臓をえぐられ、八つ裂きにされた。

墓をも掘り返す裁き

　ご覧のとおり、すでに死亡しているもの
ですら、厳しい刑罰を逃れることは許され
なかった。堅強で名誉ある戦士ヘンリー・
パーシー（「向こう見ずパーシー」）は、
自らが仕えていたヘンリー四世に対して謀
反を起こし、1403年、シュルーズベリーの
戦いで命を落とした。ヘンリー四世は向こ
う見ずパーシーが死んだことを証明するた
めに、彼の遺体を塩漬けにして保存し、
シュルーズベリーの市場に展示した。その
あとで遺体は首吊りにされ、内臓をえぐら
れ、4つにばらされ、ばらされた遺体はそ

れぞれロンドン、ニューカッスル、ブリスト
ル、チェスターに送られた。頭部はヨー
クの城門の上に串刺しにしてさらされた。
　墓をも掘り返すのはイギリスだけではな
かった。イタリアでは897年、ローマ教皇
フォルモスの遺体が墓から掘り返され、
司教のローブを着せられた。軽い異端
信仰の疑いで裁判にかけられ有罪の判
決を受け、手足を切断されてもう一度埋
葬され、さらにもう一度掘り返されると今
度はテヴェレ川に投げ込まれ、引き揚げ
られたのちもう一度埋葬された。

左：戦場に倒れたヘ
ンリー・パーシーは
英雄だった。彼が死
亡したことを見せつ
け、さらなる反乱を
抑えるために彼の遺
体はイギリス中に展
示された。

上：チャールズ二世のもと王政復古が成ると、王殺しの罪人たち（チャールズ一世の死刑執行令状に署名した者）は世にも恐ろしい公開処刑に処された。

クロムウェルは首吊り、内臓えぐり、八つ裂きの刑にかけられたものの、死後のことだったので運がよかった。彼の仲間のなかには世にも恐ろしい処刑をたっぷりと味わわされた者もいた。1660年10月16日、チャールズ一世の裁判の検察官長であったジョン・クック、チャールズ一世派の王党員だった牧師ヒュー・ピーターの2人はロンドン、ニューゲートの処刑台に連れていかれた。謹厳なピューリタンのピーターが状況に耐えられそうもないと見て取ると、クックは自分が先に処刑にのぞむと手を挙げた。ほんの一瞬首を吊られた後、すぐに降ろされると丸裸にされ、ベンチの上に寝かされた。処刑執行人は横たわる彼の性器を切り取り、彼の目の前に突き出した。次に腸が腹からひねり出され、他の内臓とともに焼かれた。

チャールズ二世はこれらの処刑すべてに立ち会い、裂かれた体や頭部をどこに陳列するかを決めた。日記作家のジョン・イーヴリンは現場には立ち会わなかったが遺体は目にした。「処刑された反逆者は、スコット、スクループ、クック、ジョーンズであった。私は処刑には立ち会わなかったが、ずたずたに切り裂かれた遺体と、それがバスケットに詰め込まれてそりに乗せられ、湯気をたてながら処刑場から運び出されるのを見た」。オランダ人画家であり旅行家のウィレム・シェリンクスが1661年にロンドンを訪れたときのこと。市内にさしかかるとロンドン橋の上には、1年前に処刑されたクロムウェルの同胞たちの19だか29だかの頭部が依然として串刺しにされていた。翌日ロンドンを去るときにムーアゲートを通りかかった際には、そこでも反逆者たちやオリバー・クロムウェルの同胞たちのたくさんの手足が串刺しにされて陳列されているのを見た。

カトー街の陰謀

首吊り、内臓えぐり、八つ裂きの刑は、8世紀になると徐々に下火になった。1820年、カトー街の陰謀にかかわった者たちが、公開で首を吊られ、そして首を切られたのがイギリスでは最後のこういった処刑だった。アーサー・シスルウッドとジェームス・イングスはこの陰謀の首謀者で、議会委員を全員殺害し、首を刎ね、新規に暫定議会を作ろうとしていた。

ウエストミンスター、カトー街のとある屋根裏部屋で逮捕された2人は、ニューゲート監獄前の広場での首吊りと首切りの刑を言い渡された。ウエストミンスター・スクールが、生徒たちが処刑を見学できるようにとその日を休暇にしたので、処刑場はかなりの混雑が予想された。高い位置に設置された処刑台には、5つの首縄の後ろに5つの棺桶が並べられ、見物人によく見えるようにと、打ち首用のブロックが置かれた。5人の死刑囚が現れた。

シスルウッドとイングスは、処刑を気にも留めていないかのように、オレンジをかじりながら登場したが、1人の死刑囚は恐怖のために腰が砕け、首縄までもちあげられなければならなかった。イングスとジョン・ブラントは絶命に時間がかかり、処刑執行人が足を引っ張って窒息させた。

1時間ほどその場に吊るされた後、遺体は縄から外された。フードをかぶった外科医が囚人たちの頭をブロックの上に乗せ、外科用ナイフを使って頭部を体から切り離した。広げたおが屑の上に切り離した頭を投げる前に、処刑人は一人ひとりの頭を順に高々と掲げ叫んだ。「これが反逆者アーサー・シスルウッドの頭だ」お面を被った処刑人は見物人にとっては恰好のエンタテイメントであり、おもしろがって盛り上がった。頭部の1つがたまたま転がり落ちてしまおうものなら「気をつけろよ、このボケ」とヤジが飛ぶのであった。

中：アーサー・シスルウッドの整った顔は、血に染まったおが屑まみれになった。

右：最後の首吊り、内臓えぐり、八つ裂きの刑は、相当な注目を集めた。身の毛もよだつ、柱にさらされた罪人たちの頭部。

重力による処刑

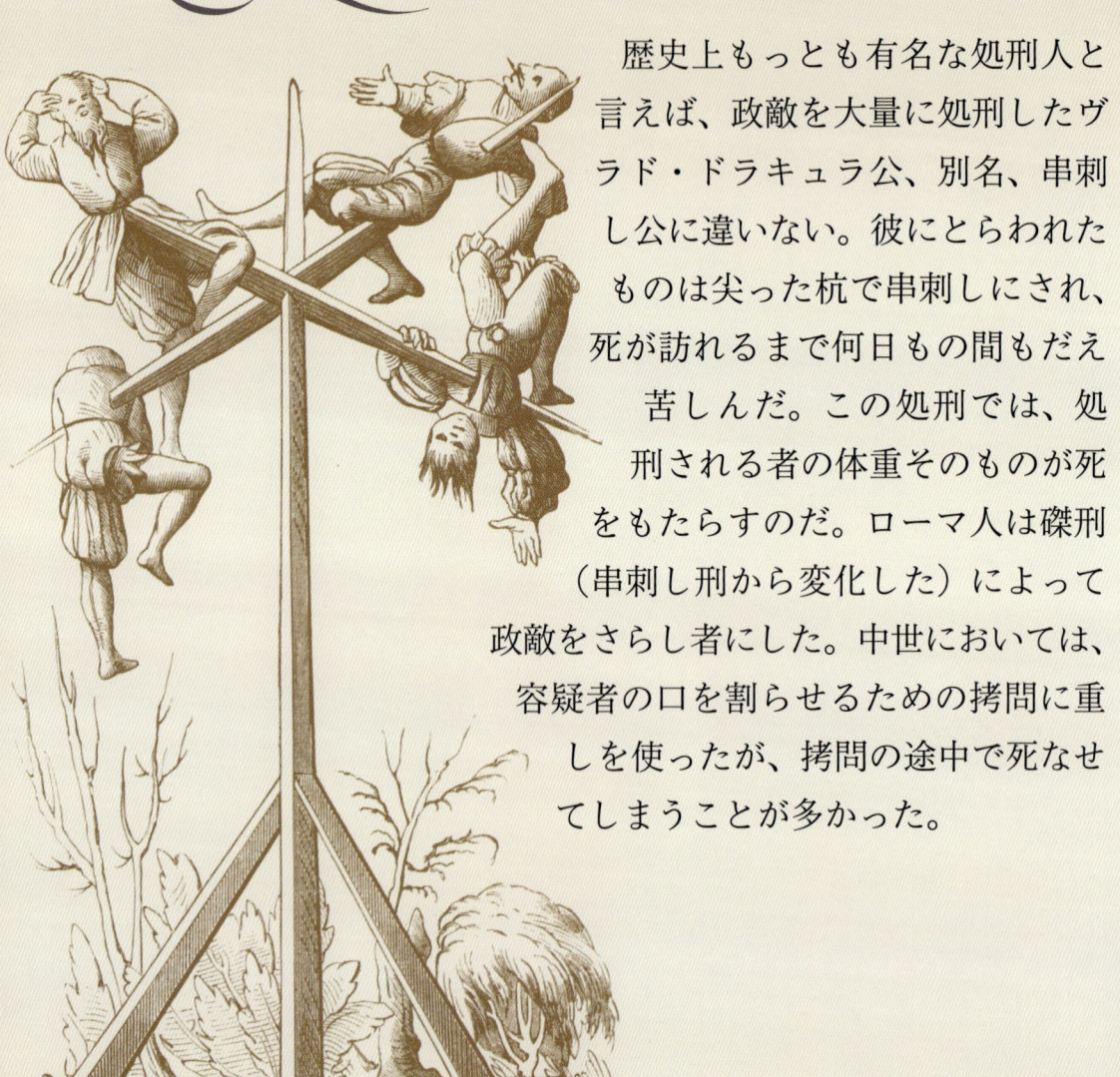

歴史上もっとも有名な処刑人と言えば、政敵を大量に処刑したヴラド・ドラキュラ公、別名、串刺し公に違いない。彼にとらわれたものは尖った杭で串刺しにされ、死が訪れるまで何日もの間もだえ苦しんだ。この処刑では、処刑される者の体重そのものが死をもたらすのだ。ローマ人は磔刑（串刺し刑から変化した）によって政敵をさらし者にした。中世においては、容疑者の口を割らせるための拷問に重しを使ったが、拷問の途中で死なせてしまうことが多かった。

磔

　古代ローマでよく採用された処刑方法の1つが磔だ。磔は、アッシリア人とペルシャ人がことのほか好んだ串刺し刑から発展した。スパルタカス率いる奴隷の反乱がようやく制圧された紀元前71年、6,000人の反乱者たちは、磔にされてアッピア街道に沿ってカプアからローマに至るまで並べられた。逃走や主人の殺害を企てていた奴隷は、さらしものになった反乱者たちを見てしばし立ち止

下：ルネッサンス期の絵画では、磔が美化されていることが多い。カラバッジョによるこの作品もしかりだ。

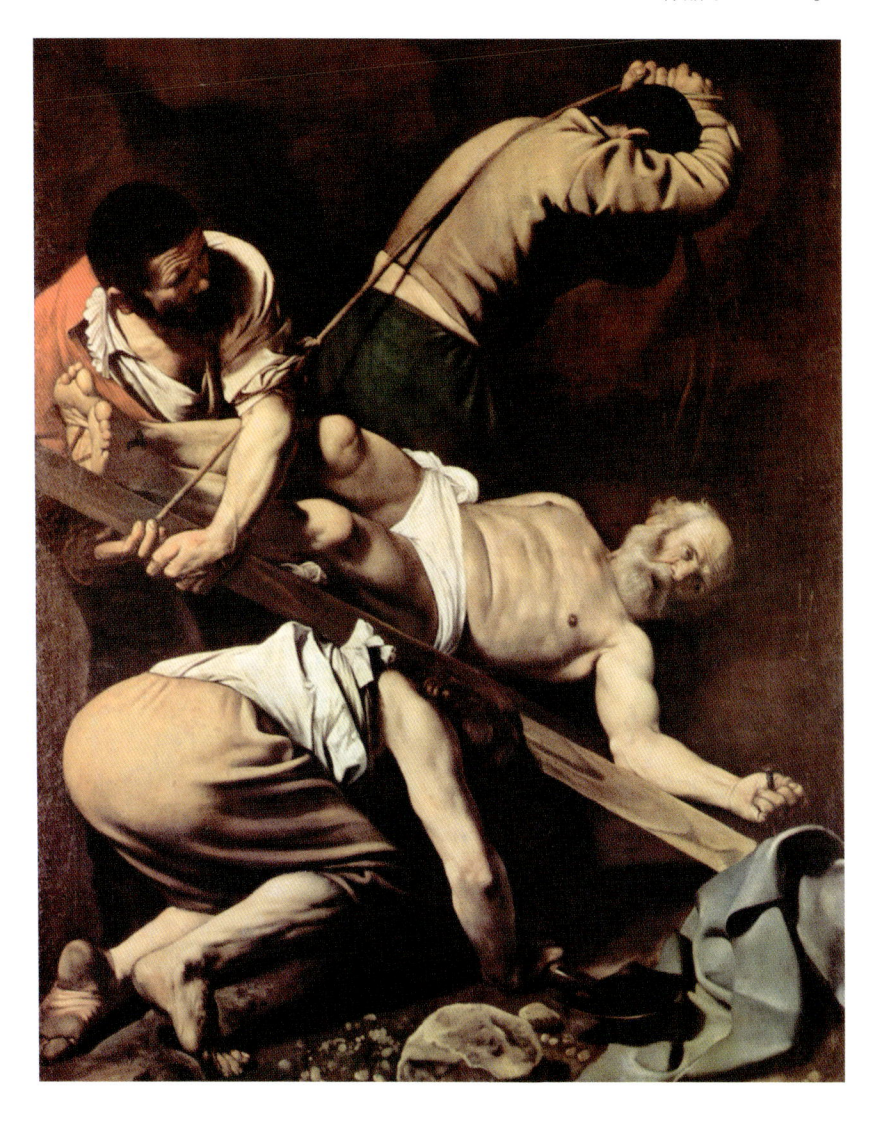

左ページ：イエス・キリストはローマ人の手により磔にされたおびただしい数の人々の1人である。多くの者は磔にされたうえ、火をつけられた。

左：処刑執行人の気まぐれにより、磔の形は様々だった。

まり、考えを改めるのだった。磔に関して有名な話がある。紀元前75年、ジュリアス・シーザーが身代金目的で海賊に捕らわれたとき、釈放されたあかつきには必ず戻ってきてお前たちを磔にしてやると宣言した。海賊たちは、この生意気な若造をあざ笑い、身代金を巻き上げた。その後シーザーは本当に海賊の元へ戻り、彼らを磔にした。そのなかでも比較的態度がよかったものに関しては、のどを掻き切らせて死への時間を短くしてやった。

　磔は人間の尊厳を踏みにじる公開処刑であり、必ず道路わきや町の城壁を出てすぐの丘など人が集まる場所で執り行われた。英語の「excruciating」（訳注：ひどく苦しい）という単語は「crucifixion」（訳注：磔）からきた言葉だと想像がつく。ローマではよく訓練された有能な処刑人たちに、考えられる限りの最高の処刑を執行し囚人に極限の苦しみを与えることを課していた。

　4人1組の処刑執行人たちは、処刑の執行前にまずしっかりとした朝食をとる。チーズと蜂蜜入りのお粥をたっぷり食べ、それにこれまたたっぷりのワインやパンやビールなどが添えられた。その日の処刑のためにしっかりと栄養をつけると、外人部隊も地元の兵士もそろって独房や地下牢にいる囚人をひっぱり出し、ローマの要塞都市にはどこにもあった鞭打ち柱に連れていく。鞭打ち柱は上部に輪のついた低い石の柱で、囚人はまず服を脱がされると、両手首をこの柱につながれた。囚人は地面に膝をついた状態で、これから受ける鞭打ちから逃れられないようしっかりと固定された。

鞭打ちには、囚人の背中の皮膚をはがすための鞭が使われた。この悪魔の道具はしっかりとした木の持ち手に硬い皮のむちが3本ついている。それぞれの鞭の長さは3フィート（1メートル）で、先端には囚人の肉を切り裂くよう、金属の刃か骨のかけらがつけられていた。特別に罪の重い囚人の場合には、平らな鉛の重りを鞭の先端に取りつけて、最大限の苦痛をしかも長く与え続けられるようにした。腕のいい鞭打ち人たちは、囚人の内臓や腸をむき出しにしながらも息の根は止めずに、次の一撃を続けられることに誇りを感じた。2人目の兵士は算盤をかかえて鞭打ちの回数を記録し、3人目は鞭打ちを交代するためにわきで待つ。4人目は「死の監督」と呼ばれ、儀式がすべて正しく執り行われるかどうかは彼の腕にかかっていた。鞭打ちと呼ばれるこの処刑はただの前座にすぎない。

鞭打ちが終わると囚人は柱からはずされ、磔にされる横木を背中に乗せられる。粗く削られただけのささくれだった柱の表面は、体に傷を負った囚人に耐えがたい痛みをもたらした。横木は2フィート（1.2メートル）の長さしかなかったが、重さは30から50キロ（65から110ポンド）ほどあった。このあと死の監督は囚人を処刑場に連れていく。

上：鞭。ローマ人はこの胸の悪くなるような拷問道具を使って、囚人の背中の肉をはいだ。

右：主なるイエス・キリストの鞭打ち　ウィリアム・アドルフ・ブグロー作。
囚人の磔は数日間続く拷問の仕上げだった。

左：イエス・キリストは磔にされ槍で突かれた。多くの者はさらにひどい拷問を受け、手足を折られたり、的あての練習に使われたりした。

　囚人の胴体は地面に置かれた横木の上に乗せられるが、この時点ではまだ支柱には取りつけられていない。２人の兵士が囚人の両腕を横木の両端におさえつけ、別の兵士が６インチ（15センチメートル）ほどの釘か木の杭を手首の橈骨と尺骨（訳注：前腕部のしっかりとした２本の骨）の間に打ち込み、囚人が支柱に掲げられたときに皮膚が破けて落ちないようしっかりと留める。

　この作業が進められる間に横木をかける８フィート（2.4メートル）の支柱を立てる。支柱の上部の突起部分に合わせて横木に穴をあけ、横と縦の柱を組み立てる。囚人の手首が固定されたら、２人の兵士が横木の両端を持ち、もう１人が囚人の腰のあたりを持って３人でグイッと持ちあげて支柱にかけ、この残忍な処刑道具を仕上げる。４人目の兵士は横木の穴が支柱の突起部分にかかり、囚人がしっかりと固定されたことを確認する。囚人が死亡するまでに時間をかけたいときには、支柱の途中に小さな座面をつくり、そこに座らせて足首を支柱にしばる。時間をかけずに死亡させるためには、足首に釘を打って支柱に固定する。すると全重力が腹部と内臓部分にかかり、比較的早くしかも苦しい死をもたらす。

　パレスチナでは、磔にされた囚人が死亡するとすぐに降ろして地元の慣習に従って埋葬するという尊厳が与えられたが、ローマ帝国のほとんどの地域では、囚人の遺体は腐って虫や鳥に食われるまま放っておかれた。

下：磔にされて腐りはてた遺体は、ローマ帝国では道路わきによくみられる光景だった。

上：串刺し刑は、世界中の様々な文化にみられる処刑方法である。これは、様々なポーズで串刺しされるインド南部における刑の様子である。

串刺し刑

　アケメネス朝（紀元前550−330年）のペルシャ人は、アッシリア人から串刺し刑を受け継いだ。串刺し刑は盗人や反逆者を見せしめにするために使われた。ペルシャ人は串刺し刑を他の残虐な刑と組み合わせた。まず囚人の目玉をほじり出し、舌を抜き、耳と鼻を切り落とす。苦痛で感覚が麻痺する前に手と足も切断し、そのうえで串刺しにした。

　ペルシャ人は全身串刺しではなく、オイルを塗った串を囚人の体を立てておくのにちょうどいい深さまで肛門や膣にさしこむ方法を好んだ。串の先は、囚人が死の責め苦にあい、身をよじらせるごとに徐々に深く刺さっていく程度に尖らせてあった。串を刺す位置によってはすぐに内臓を貫通してしまい、比較的早く囚人を死亡させるし、生命にかかわる内臓に串が触れていなければ、死亡までに日数がかかる。腕のいい処刑執行人は、なるべく内臓をつぶさないように串を刺した。

　ペルシャ人は全身串刺しではなく、オイルを塗った串を、囚人の体を立てておくのにちょうどいい深さまで肛門や膣にさしこむ方法を好んだ。

ヨーロッパにおける串刺し刑

　ヨーロッパでは串刺しは独立した刑ではなく、一連の処刑の一段階にすぎなかった。

　今でも残っている言い伝えを信じるならば、イギリス人で串刺し刑を受けたもっとも有名な人物は、1327年に処刑されたエドワード二世である。エドワード二世は、息子であるエドワード三世の即位を求める王妃と初代マーチ伯ロジャー・モーティマーに退位をせまられ、ヨークシャーのポンテクラフト城に幽閉された。王妃とモーティマーは王を生かしておくことに脅威を感じ、あらゆる手段を使って王を殺そうとした。食べ物を与えず、腐った動物の死体の上に吊りさげたり、しまいには腐敗した人間の死体を投げ込む穴に投げ入れたりもした。しかしエドワード二世はこれらに動じなかったので、さらに直接的な拷問が加えられた。1327年、モーティマーに使わされた者がエドワード二世をマットの上におさえつけ、油を塗った動物の角を肛門に突き刺した。さらに真っ赤に焼けた火かき棒を哀れな王の直腸に突っ込み内臓を焼いた。王の悲鳴は数マイル先まで響き渡ったという。この処刑方法により、死んだ王の体には傷も残らず、王の死は自然死であったとして葬られた。

　串刺し刑にまつわるもう1つの有名な話が、南ドイツのバイエルン地方に残っている。1600年、バイエルン公であったマクシミリアン一世は、領地の法と秩序を守るために、スケープゴートを必要としていた。彼の命令により、部下の者たちがパッペンハイマーという浮浪者の一家を引っ張ってきて、ありとあらゆる罪をでっち上げた。初めのうち一家は、強盗殺人、放火、魔術使い、などの言いがかりを否定した。一家はミュンヘンのファルコン・タワー処刑場に連れていかれ、吊るし刑にかけられて、ロープ摩擦やたいまつで火傷を負わされた。彼らの拷問は、軍の将官で魔女狩り担当でもあったアレクサンダー・フォン・ハシュランが指揮した。拷問は功を成し、一家はすぐに自白を始めた。家長のパウルスは少なくとも100人の幼児と44人の成人、それに10人の老人を殺害したと認めた。妻は100人の子供と19人の老人を殺害し、大嵐を呼び、牛に毒を盛り、畑の作物を荒らしたと自白した。思い通りの自白を得ると、一家は処刑された。一番下の息子、10歳のヘンゼルは家族が処刑されるのを目の前で見せられた（そしてのちに本人も処刑された）。長男のパウルスは焼けたペンチで生肉をむしり取られた。母親のアンナは乳房を切り取られ、車輪刑を受けたのち生きたまま焼かれた。父親のパウルスは焼き串を肛門に突っ込まれて、死に至るまで「地面の上をのたうちまわった」。

右ページ：この19世紀の版画は、チュニジアの串刺し刑を描いている。囚人は壁に設置された鉄の鉤に吊り下げられる。

オスマン帝国

　オスマン帝国では、1453年のコンスタンチノープル陥落以降、第一次世界大戦中のアッシリア人やアルメニア人虐殺に至るまで、政治的制圧に串刺し刑が使われた。反逆者は串刺し刑にされ人目につく場所でさらしものにされた。1814年のベオグラードにおけるセルビア蜂起は徹底的に制圧され、少なくとも200人の運動指導者たちが串刺しにされて、市内に向かう幹線道路の両側に並べられた。串刺しは、地面に足は届かないが野犬が食いつくにはちょうどいい高さに微妙に調節され、囚人は生きながらに野犬に足を食いちぎられた。

　イヴォ・アンドリッチによる歴史小説『ドリナの橋』には、残虐なトルコの串刺し刑が克明に描かれている。まずは先を尖らせた8フィート（訳注：約2.5メートル）のオーク材の木串に「ラードを塗りたくる」。囚人はしばられて地面にうつぶせにおさえつけられ、両足首に結ばれたひもを「両サイドから引っ張って脚を大きく開かれる」。処刑執行人のメルダンは、串を2つのくさびに乗せて囚人の股の間に向けてセットし、囚人のズボンの肛門のあたりをナイフで切った。メルダンはそこで木槌を取り出し、「ゆっくりと計算されたリズムで」串を囚人の肛門に打ち込んだ。ときどき打つ手を止め、両サイドから囚人の足を引っ張る2人の介添人に「ゆっくりと左右対称にひっぱれ」と指示した。内臓を突き刺してとどめを刺してしまわぬよう慎重に打ち込んで、囚人の苦痛を長く引き伸ばした。

　その様子はまるで目に見えるかのように詳細に描かれている。「大の字になった囚人は痙攣し、身をよじる。槌が振られるたびに背骨をねじり、のたうとうとするが、ひもで縛られた体は動くことができない」。この記述は、イギリス人日記作家、ピーター・マンディが1620年にイスタンブールを訪れた際目撃した処刑を記したものを参考にしたようだ。

　19世紀になるとオスマン帝国は衰退し、それにともなってバルカン諸国に勢力をひろげたオーストリア＝ハンガリー帝国はキリスト教国であったが、オスマンの処刑方法をそのまま引き継いだ。

串刺しは、地面に足は届かないが野犬が食いつくにはちょうどいい高さに微妙に調節され、囚人は生きながらに野犬に足を食いちぎられた。

ヴラド串刺し公

史上最も残忍な串刺し執行人はヴラド・ツェペシュで、彼は1431年、ヴラド竜公あるいはヴラド悪魔公の息子として生まれた（ツェペシュの子供時代のニックネームである「ドラキュラ」は「悪魔の子」を意味する）。ツェペシュが17歳のときに父親のヴラド竜公がワラキア貴族に暗殺されると、ツェペシュはオスマン帝国の後ろ盾により父の座を継ぎ、1448年ヴラド三世としてワラキア公国の君主となった。生涯を通して、彼の公国は周囲の強国、トルコ、ハンガリー、ドイツなどの圧力を受けた。ヴラド・ツェペシュはその残忍さで敵国を恐れさせたが、単なる腹いせや楽しみのために自国民を処刑することも好んだ。

ヴラドは最初トルコに加勢していたが、1456年その忠誠をハンガリーにのりかえた。続く6年間、彼はトルコに凄惨な戦いをしかけ、領地内のドイツ人を抹殺し、さらにロシア貴族は父親への反逆者であるとして、徹底的に標的にした。

ヴラドの串刺し刑は、囚人の両足を2頭の馬に縛りつけたうえで、尖った串を体内に突っ込む方法だった。串は肛門から突き刺され、オイルを塗った先端が口か背中から突き出すのが普通だった。囚人の背中、胸、口などから突き刺す場合もあった。口から突き刺すと串の先端は尻から出る。体に串を貫通された囚人は、頭を下にして立てられた。ヴラドは一家全

左：1881年出版『Journal des Voyages』より。この挿絵は囚人をつぶすことを考えつくして作られた道具を表している。

員を刑に処す場合は、両親を刺したその串の上に幼子や赤ん坊を突き刺した。弱った老人や体の不自由なものは領地から「一掃」しようと標的にされた。姦通罪を犯した女性は性器と乳房を切り落とされ、生きたまま皮膚を剥がされ、そのうえ真っ赤に焼けた鉄串を子宮に刺された。

1462年、ヴラド側に立つ貴族たちですらも彼の残虐行為に嫌気がさし、ヴラドを退位に追い込んだ。ヴラドはハンガリーに逃亡したが、そこで12年間幽閉された。その後ヴラドはなんとかワラキアに戻ったが、1476年の戦いで戦死した。

圧力刑

「hard and strong punishment」（訳注：厳しく強烈な刑）とフランス語から英語に雑に訳されたこの刑は、16世紀のイギリスで盛んに行われるようになった。現代の司法においては、被告人は裁判にかけられて、有罪を認めるか無罪を申し立てる。あるいは黙秘するという選択肢もあり、この場合は無罪を訴えていると捉えられる。黙秘を選んだ場合でも裁判は行われ評決がくだされる。中世においては、裁判が行われるのは容疑者が証言した場合だけであった。よくあったのは異端信仰の嫌疑であったが、他の罪にしても、疑いをかけられた場合、それに対して証言をしなければ、裁判はほとんど半永久的に延期された。この法の穴に対抗するには、当局はなんとしても容疑者の口を割らせることが必要だった。容疑者の体の上に重しを乗せて内臓をつぶし、骨を砕き、最後には自分の血で窒息して死亡させる。これ以上に効果的な拷問があるだろうか？

ある種の罪を犯したものは、その財産を君主に没収されることになっていたので、残った犯罪人の家族は財産を失うことになる。このようなケースでは、容疑者は証言をしないことにより裁判を避け、財産を守ろうとした。

圧力刑は人里離れた地下牢で行われたので、この刑を受けるものは少なくとも公開で辱めを受けることはなかったわけだ。圧力刑が決まると、囚人は地下牢に連れていかれ、服を脱がされて床に寝かされる。そして体が大の字になるように手足を部屋の4つ角から繋がれる。処刑人が囚人をさらに痛めつけようとしたり、あるいはことを素早く済ませようとしたりする場合には、囚人の背骨の下に小さな石を1つ置いた。そうしておいて大の字になった囚人の上に板をのせ、その上に石か重しをのせた。処刑前に少しの食べ

左：1881年出版『Journal des Voyages』より。この挿絵は囚人をつぶすことを考えつくして作られた道具を表している。

物と汚い水を口にいれられることもあった。囚人はいつもすぐに死亡するわけではなく、徐々に弱って餓死に至る場合もあった。

　1586年、イギリスのヨークで処刑されたカトリック殉教者、聖マーガレット・クリゼロウの場合は、背骨の下にこぶし大の石が置かれ、800ポンド（363キロ）の重しを乗せられると、ものの15分で息絶えた。1722年のロンドンでは、ウィリアム・スピゴットというおいはぎが、圧力をかけられて体中の血が頭にのぼる苦痛により自白した。自白したゆえ、彼はしかるべくタイバーンにて処刑された。1735年にはジョン・ウィークスが400ポンド（180キロ）の重しにかけられてそれに耐えた。イライラした処刑人は自ら板の上に飛び乗って、いわば、処刑の幕を閉じたのだった。1658年、殺人罪に問われたメイジャー・ストラングウェイズの場合は、彼の処刑に立ち会った友人たちが彼の上にのってとどめを刺した。セシリア・リッジウェイは圧力刑を受けたまま、飲まず食わずで40日間生き延びた記録を作り、イギリス王エドワード三世の恩赦を受けた。

　アメリカ植民地では、圧力刑はただ1度だけ執行された。セーラムでの魔女裁判に出廷し証言することを拒んだギレス・コーリーに処された。彼の断末魔の言葉は「もっと重しを」であったという。

剣の刑

　暗黒時代を含め中世ヨーロッパにおいて、剣は武士の威厳の象徴だった。剣は選ばれし者の武器であり、処刑に使われるのは受刑者が貴族の場合だけだった。剣の刑は、よく訓練された者が執り行う限り、素早くほとんど痛みも伴わない処刑方法である。下層階級の人々に与えられる、惨たらしく苦痛に満ちた処刑とはまるで違った。15世紀以降、封建制度の崩壊がすすみ、またルネッサンス期に入って人文主義が波及したことで、下層階級にも「慈悲ある」剣の刑が認められるようになった。

剣士の技術

　腕のいい剣士は引く手あまただった。首切り役人の斧のように原始的な道具とは違い、処刑用の剣は鋭く砥がれたバランスのいい武器であり、一撃で首を落とせるように作られていた。長さはおよそ３〜４フィート（0.9〜1.2メートル）、重さは４ポンド（２キロ弱）ほどで長い柄がついていたため、実際に首を落とす一撃の前に囚人の頭のまわりを何度か試し振りすることができた。処刑専用の剣は、中世後期からルネッサンス期にかけての独特な産物で、戦う武器ではなかったので刃先は丸く削られ、尖ってはいなかった。通常処刑執行人は、跪く囚人の横に囚人のほうを向くかたちで立った。中途半端な怪我をしたり、何度もやり直しをされたりしたくなければ、処刑執行人がしっかりと狙いを定められるよう、囚人は落ち着きを保って動かないようにしなければならない。剣はある程度の重さがあるので、

下：『ヘロデ王の饗宴と洗礼者の斬首』ジョヴァンニ・バロンジオ作。
腕のいい剣士は主人たちの信頼を得た。

腕のいい処刑執行人であれば一撃で絶命させることができた。1654年の中央ドイツでのこと、処刑の名人マティアス・ペルガーは、首を守ろうとして挙げた囚人の手首を頭部もろとも一振りで切り落とした。

剣には名前がつけられたが、その名は畏敬の念を皮肉ったようなものが多かった。「国は法をもって栄え発展し、法無きをもって衰退する」あるいは「剣を振り上げるたび、罪人に永遠の命を願う」などの銘が刻まれた。もっと端的に「君主は裁き、われは処す」などもあった。銘以外に、人の頭や処刑台、車輪、キリスト、マリアなどの図柄も彫られた。処刑執行人の名

上：ジョージ・シェルターの処刑。首切りは他の見世物とともに行われ、町中の住人がこぞって見物に来た。

前が入り、処刑の回数だけ刻みを入れた剣もあった。フランスの有名な処刑執行人アンリ・サンソンの剣には、片面に「正義」もう片面には処刑用車輪の図柄が彫られていた。

　処刑執行人は実際に囚人を処刑する前に、一定期間の厳しい訓練を受けた。訓練生はまず先輩剣士が立たせてしっかりおさえた、猫や羊や豚などの首を落とす練習をした。ある程度基本的な技術が身についたら、次に大きな犬の斬首に挑み、それに合格すると晴れて人間の処刑を執り行えるようになるのだった。新人は、まずは囚人を椅子に縛りつけた状態での斬首から始め、失敗のリスクを減らすようにと先輩たちから助言を受けた。少し慣れてきたら、囚人を跪かせることもできるようになる。熟練の域に達してやっと、立ったままの囚人を処刑することができた。ニュールンベルグの処刑マイスター、フランツ・シュミット（P75参照）は、立ったままの処刑ができるようになったばかりの頃の、うまくいった5回の「死刑」について日誌に記している。ひとたび名人の地位を築いてしまうと、彼

左ページ：聖ルチアの斬首。中世は特に残酷な時代だった。貴族は法を犯す者を、暴力をもって罰した。

右：刑罰用の剣。剣先が丸く戦闘には適さない。この剣の役割は1つ。——首を刎ねることである。

上：想像で描かれた斬首の光景。ひとたび頭部が切り落とされると、血が噴水のように噴き出して処刑台を真っ赤に染めた。

は囚人の体勢にはあまりこだわらなくなった。経験を積むうちかえって囚人を椅子に座らせる方法をとることが多くなり、特に女性は動いてしまいがちなのでよく椅子を使った。

　もちろん処刑執行人は、状況に合わせて手順を工夫することもあった。ヘンリー八世の妻、アン・ブーリンの処刑のために雇われたフランス人の首切り人は、的にするアンの首が小さすぎることが気になった。彼はアンの右側めがけてメダルを放り投げ、彼女がそちらを見ようと首を伸ばしたところを一振りで切り落としたという。黒い細身のスーツを身に着け、顔半分をマスクでおおい、高々とコロニアルハットをかぶったこのフランス人は堂々としていた。彼は、アンが壇上に上がってくるとき恐慌をきたさないよう、剣を藁の下に隠した。ヘンリー八世は有能な人物を雇うことに長けていたというわけだ。アンの首が刎ねられ、その首が高く飛んだとき、痙攣するように瞬きし、口がパクパクと動いたという。

死の儀式

　ドイツでは中世盛期から19世紀にかけて、教区の司祭が死刑囚に懺悔と悔い改めをさせようと始めた死の儀式が執り行われた。死刑囚が怪我や病気をしているときは、それを治療してから処刑の日が取り決められた。最後の日の数日前から、死刑囚は少しゆったりとした独房に移されて、そこで親戚や友人さらには被害者や被害者の関係者に会うことができた。司祭と訪れた人々は独房の戸の外で賛美歌を歌い、囚人の魂のために祈った。監獄の看守とその妻は、椅子やテーブル、そのうえナプキンまで用意された特別な独房に、最後の夕食「死刑囚の御馳走」を用意した。——完璧なしつらえだ。食事にはワインもふんだんに用意された。たっぷりの食事に満足すると、処刑執行人の助手が囚人に白い処刑服を着せて（もちろん首の部分は覆わないように）処刑執行人を呼ぶ。「剣士入場」の声とともに処刑執行人が独房に入場し、許しを乞うてから囚人と杯をかわす。死刑囚が従順で扱いやすいときには、両手を後ろに縛って「死の裁判所」に連れていき、そこで刑を確認する。囚人が暴れて扱いにくい場合は、椅子にしばりつけて汲み取り車（普段は夜間の汚物回収に使われる車——囚人にさらなる屈辱を与えるため）に乗せた。その後死刑囚はたくさんの民衆の目にさらされながら、処刑台まで1マイル（1.6キロ）の行進をする。

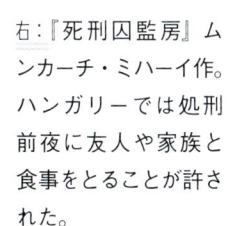

右：『死刑囚監房』ムンカーチ・ミハーイ作。ハンガリーでは処刑前夜に友人や家族と食事をとることが許された。

美しい死

　一振りだけで囚人を絶命させるのには、相当な技術を要す。刑務所の教戒師による最後の祈りが終わると、処刑執行人は慎重に立ち位置を決め——完璧なスウィングを狙うゴルファーと同じだ——囚人の首のなかほどに目標を定める。そこでおもむろに剣を振りあげ、優美な動きで振り下ろす。普通は囚人の右後方から振り下ろされた剣が、2つの頸椎の間を切り裂き、体から頭部をすっぱりと切り落とす。一般的な判決文の文言に「囚人は頭部と胴体の間を荷馬車が通り抜けられるべく、一撃によって頭部とその他の部分の2つの塊に切り分けられるべし」とある。どうして法律家もなかなかユーモアがあるではないか。

上：熟練の剣士は死刑囚を立たせたままで斬首できたが、一般的には跪かせるか座らせることが多かった。

　処刑執行人が評判を維持するにはきれいな仕事をする必要があった。あるドイツ人の処刑執行人は、2人の囚人の頭を一振りで落として見せ、その名をあげた。切り落とした頭部が地面に転がり落ちるやいなや処刑執行人は、囚人の首から吹き上がる血の噴水を浴びぬよう飛びのいた。死刑囚を座らせておく明らかな利点は、振り撒く血が少ないことだ。それに比べて死刑囚を立たせておくと、周り中のだれもかれもに血を吹きかけ、しかもどちら側に倒れるかわからないのだ。これは「美しい死」を汚してしまう光景だ。処刑台への行進、受刑者の振る舞い、剣士の優美な仕事ぶり、これらすべてがそろって、国家における司法の権威を強化することができるのだ。

　処刑執行人は慎重に立ち位置を決め——完璧なスウィングを狙うゴルファーと同じだ——囚人の首のなかほどに目標を定める。そこでおもむろに剣を振りあげ、優美な動きで振り下ろす。

ライオン

　ドイツの処刑執行人はシャルフリヒターと呼ばれ、その意味は「残酷な裁き人」もしくは「死の使い」である。彼らの助手はレーヴェ「ライオン」と呼ばれた。助手の仕事は、罪人を裁判所や処刑場に引っ張っていくことだった。その際、罪人に言うことをきかせるために、怒鳴りながらこん棒で叩いたり拳で殴ったりする様子からついたニックネームだ。必要とあらば、処刑台の上で罪人をおさえておくのもライオンの仕事だった。これは、的をはずした剣がいとも簡単にライオンの手を切り落としてしまうこともあるので、きわめて危険な仕事だ。加えてシャルフリヒターがするにはその威信にかかわるような雑多な仕事、例えば、酔っ払いやごろつきの取り締まり、自殺者の遺体の火葬、町の広場のごみ掃除などもライオンの仕事だった。処刑の現場では、処刑台の入り口の鍵をあける、棺を用意する、そして溺死刑の場合は、長い棒を使って受刑者を水中におさえるのも彼らの仕事だった。なんという条件の悪い仕事なのだろう。

下：訓練された処刑チーム。彼らは見物人たちの注目のなか、滞りなく処刑を進めるのが役割であると心得ていた。

左：『The Executioner』オノレ・ド・バルザック著（1832年）表題ページより。
処刑はいつもうまくいくとは限らなかった。

「美しい死」のいい例は、1615年に嬰児殺しで有罪となったマルガレータ・リンドラインの処刑だ。処刑マイスター、フランツ・シュミットは彼女の勇気と気高さを褒めたたえた。ニュールンベルグの市壁のすぐ外にある小さな壇上に上がるときには、他の多くの者と違い彼女は恐怖を乗り越えていた。おそらく前の処刑の名残を残していたであろう4本柱の処刑台を最初に目にしたとき、この若い女性は動揺した。しかし彼女は気を失うかわりにその場で神に祈り始めた。死刑執行人のシュミットの前に立つそのときまで彼女は祈り続けた。女性死刑囚は民衆のために神のご加護と許しを請うた。そして誰に指示されることもなく自ら処刑椅子に座り、シュミットに首を差し出した。

　たちの悪い死刑囚もいた。放火犯リーンハルト・デュエルラインは、1590年にニュールンベルグで死刑に処される直前までシュミットを散々てこずらせた。処刑台に向かう途中、終始酒を飲み続け、見物人に悪態をつき、処刑台の上で見物人に向かって放尿してみせた。4人の守衛に喧嘩を吹きかけながら、さらに酒を1本つかんだ。この最後の1本を飲むのにあまりにも時間がかかったので、処刑執行人はとうとう酒瓶を口にしたままの死刑囚に剣を振るった。

　ゲオルグ・メルツ、通称「木槌のメルツ」は処刑台に向かう途中で神経錯乱し、シュミットや「弓の射手たち」（訳注：処刑台に向かうときは裁判官や弓の射手などが、処刑人、受刑者とともに行列した）に多大なる手間をかけた。ニュールンベルグ市庁舎の地下牢から引っ張り出されると、看守の手を振り払おうと大暴

妊娠を口実に運命の日を先延ばしにしようとした女もいた。エリザベス・パフィンは嘘がばれるまで、処刑を32週も先延ばしにすることに成功した。その間には民生委員の女性が18回も面接していた。彼女はかなりの役者であったのか、あるいは太りすぎだったのか、どちらかに違いない。

れした。看守らはどうにか彼を荷車の椅子にしばりつけたが、彼は馬のように足を踏み鳴らし続け、凶暴な叫び声をあげ、看守に蹴りつけた。この大騒ぎの間中、彼はずっと見物人に向けて歯をむき出したり舌を突き出したりとふざけた顔をしてみせた。

エリザベス・メヒトリンは処刑椅子に近づくと大声をあげて泣き出した。椅子に縛りつけられてからも狂ったように泣きわめき、手足をばたつかせて大暴れしたので、処刑マイスター、フランツは彼女を絶命させるのに、3度も剣を振りなおさなければならなかった。

処刑の失敗

どんなに熟練した処刑執行人であっても失敗することもある。1699年パリでのこと、アンジェリク・ティケは夫殺しの罪で死刑を宣告された。処刑場が突然の雷雨におそわれて処刑は一時中断され、処刑執行人のシャルル・サンソンはティケに被いをかけさせた。30分ほど遅れてようやく処刑は再開され、彼女を処刑台にのぼらせて、跪いて髪を払って首元を出すよう指示した。彼女はそれに従った。だがサンソンが剣を勢いよく振り上げたその瞬間、彼女は振り向き大声で言った。「私に醜い傷をつけるんじゃないよ」。彼の手元が狂い、剣は

上：シャルル・アンリ・サンソン『恐怖時代の一挿話』オノレ・ド・バルザック著、岩波文庫『知られざる傑作　他五篇』より。

死刑囚の首元をかすった。2度目も的をはずし、見物人に野次られながら3度目にしてようやく斬首に成功した。とどめを刺すのに3度も剣を振った彼は、斧でも使っているかのように見えただろう。

サンソン一族であるシャルル・アンリも、1766年のラリー・トレンダル伯爵の処刑時に、一撃目をあごと歯に打ちつけてしまうという、同じような失敗をした。助手が伯爵の耳元をつかんで立たせると、シャルル・アンリの代わりに父親のジャン・バティストがとどめを刺した。1626年のカレー伯爵の処刑の際は29回も剣が振りなおされた。これは大記録である。――望ましいことではないが、大記録には違いない。

1641年のニュールンベルグで執行された、不手際な斬首刑の記録がある。駆

け出しの処刑執行人ヴァレンティーン・ドイサーは、命を落とさなかっただけ運がよかった。ドイサーは、その処刑がやりにくいことになるだろうと初めからわかっていた。死刑囚は若い女性で、すでに見物人たちの同情を集めていた。処刑台に連れてこられた彼女は、処刑椅子に座ることすら難しい様子だった。彼女の名はマルガレータ・フォグリン。彼女は若くとても美しかった。当時の女性に多かった嬰児殺しの罪で起訴され有罪となったのだった。ドイサーはすぐには剣を振るわず、哀れな若い女性のまわりを「暖かいスープの周りをまわる猫」のように歩いた。やっと剣を握ると、それで彼女の首までの距離を慎重にはかった。だが彼の細心の段取りは功をなさなかった。勢いをつけるために何度か剣を試し振りすると、彼女は剣が体のそばを通るたびにすくみあがった。ようやく剣士は剣を振り下ろしたが、情けなくも的をはずし、剣は椅子の背もたれにあたってはじかれ、女性の首を切り落とす代わりにコイン大ほどの頭の肉を切り落としてしまった。女性はくずれ落ち、もう充分に罰を受けた、どうか家に帰らせてくれと懇願した。見物人は騒ぎはじめ、女性を解放しろと叫んだ。

　ドイサーと彼の助手は彼女を抱えて椅子に戻し、ドイサーは血を流す頭にもう一度剣を振るった。この一撃も哀れな女性にとどめを刺すことができず、首の後ろの肉をひとかたまり切り落としただけだった。マルガレータは黒い石の床に倒れこみ泣き叫んだ。「ああ神様、どうかご慈悲を」。ドイサーからの慈悲はなかった。床の上の彼女を助手におさえさせ、剣でその首をたたいたり挽いたりしたが、剣はそもそもこのような不細工な仕事をする道具ではない。

　ドイサーと助手はほうほうのていで現場から逃げ出した。2人は見物人たちの石つぶてをあびながら、護衛官に助けられて逃げ切った。

　ドイツのいくつかの地域では、囚人を絶命させるのに剣士は3回以上剣を振るってはならないとされ、もしも振るった場合は剣士自身が処刑された。下手な剣士は、悪魔が目の前に頭を3つ並べただの、囚人が身動きしただの、見物人が物を投げつけてきただのと言い訳したかもしれない。

　以上のような失敗例はあるものの、剣の刑は首吊り刑よりははるかによかった。剣はもともと貴族だけのものだったが、処刑マイスター、シュミットが活躍した時代を通して（P75）、慈悲深い「死刑」として徐々にあらゆる身分の者にも使われるようになり、首吊り刑はより凶悪な犯罪者に使われるようになった。

海賊

海賊を処刑するときには、処刑執行人たちは身元を隠す必要がなかった。14世紀から16世紀にかけて北海やバルト海で暴れまわっていた海賊は、世界中から敵対視されていたからだ。1392年にノルウェーのベルゲンが掠奪されたときのように、海賊はときに大艦隊を組んで町をまるごと壊滅させた。ハンブルグ他ハンザ同盟都市は、デンマーク、スウェーデン、イギリスと手を組んで海賊の制圧にのりだした。クラウス・シュテルテベーカーは、もっとも悪名高い海賊の1人だった。彼の名は「大グラスで一気飲み」の意味があり、彼の船には海賊旗ではなく乾杯する2つのグラスの紋章の旗を立てていた。シュテルテベー

上：オランダなどの海運国にとって海上貿易は命であったので、海賊には容赦しなかった。

カーと子分たちは1402年にハンブルグ艦隊に捕獲され、剣の刑を言いわたされた。シュテルテベーカーは、首を落とされたあと一列に並んだ子分たちの前を歩いてみせるから、自分がその前を通ることができた子分を解放するようにとハンブルグ市長に掛け合った。彼の頭が切り落とされると残った体はよろよろと歩き出し、処刑人に突き倒されるまで、一列に縛られた子分たちの前を歩き進んだ。彼は12人の子分の前を通り過ぎたと言われている。しかしその子分たちも解放されることなく斬首された。

CHAPTER 4

拷問の技術

　野心ある処刑執行人がさらになすべきことは、拷問の技術を高めることだった。罪人の処刑は一連の法手続きの最終段階にすぎない。被疑者は当局に捕らえられると評議会の会議室の地下に設置された小さな監禁室に連れ込まれ、そこで自白を促される。殺人に使った凶器や血まみれの指紋、防御創、あるいは信頼できる目撃者などが出てこない場合、容疑者から自白を引き出すのが処刑人の仕事だった。

自白を引き出す

　12世紀から18世紀にかけて、ヨーロッパ中で様々な拷問道具が使われていた。処刑人はほとんどが日雇いでいろいろな管区をまわっていた。彼らはそれぞれ違った「得意技」を持っていたに違いないが、以下にあげるような拷問方法をとることもできた。被告人が目の前に並ぶ拷問道具を目にしただけで屈してくれれば理想的だった。必要とあらばそれらの道具がどのように使われるかを事細かに説明する。これは自白をとるための初めの一歩にすぎなかったが、普通はここまでで充分だった。この段階で自白しなければ、もっと恐ろしい拷問が数多く待っているのだった。

下：スペイン宗教裁判の拷問室。異端教徒の疑いで足を焼かれる者や滑車からロープで吊られる者。

上：この絵とは違い、拷問室は通常暗く湿っぽい地下のスペースにあった。自白を書き記す記録係はついたての陰にかくれているのが一般的だった。

吊るし刑

　イギリスは罪人の手首や親指に手枷をかけて何時間も梁から吊るして肩や胸を痛めつける吊るし刑のさきがけだったが、ドイツではそれをさらに進化させた。ドイツ式では、容疑者は体の後ろで両手をしばられ、滑車を使って体ごと高々と巻き上げられる。これだけで充分な拷問だが、さらに地獄の責め苦が続く。滑車の歯止めがはずされると、吊るされた容疑者は地面に向かって急降下する。これでもまだ自白しなければ、足首に重しをつけて関節への負担を増す。引き揚げられたり落とされたりを繰り返すうち、容疑者は肩や肘を脱臼する。さらに鉄の手枷

　鉄の手枷をかけられた被告人は、壁の前の台に立ち手を挙げて手枷を壁の高い位置に固定される。足元の台やブロックがはずされ、何時間も壁に吊るされたまま被告人の手足は膨張し関節は脱臼する。

で吊るしたり、鞭打ちを加えたりする方法もあった。鉄の手枷をかけられた容疑者は、壁の前の台に立ち手をあげて手枷を壁の高い位置に固定される。足元の台やブロックがはずされ、何時間も壁に吊るされたまま容疑者の手足は膨張し、関節は脱臼する。

ある拷問経験者の話

[略] 一番痛かったのは胸、お腹、腕、そして手です。全身の血が腕に集まって指先から噴き出すかと思いました。それはなかったですが、腕はパンパンに腫れあがり、鞭打ちされると鞭が肉にめり込みました。1時間もそのままにされると私は気絶してしまいました。意識が戻ったとき私は処刑人たちの腕に支えられ、足元には木の踏み台が戻っていました。けれど私の意識が戻るやいなや、台はまたはずされました。こうして私は5時間ほど吊るされ、その間8回か9回失神しました。

AN ANSWER TO THE REV. G.S.FABER' S
DIFFICULTIES OF ROMANISM J.F.M TREVERN著
F.C.HUSENBETH 訳　1800年

下：プラハ城の拷問部屋。たいていの者は、並んでいる恐ろしげな道具を見ただけで、いとも簡単に自白した。

工夫を凝らして

　法に適した自白を得るためには、他にもいろいろな方法があった。針や木のとげを爪の間に刺されたり、便やミミズを食べさせられたり、尿を飲まされたりもした。蝋や溶けた鉛を体にたらされたり、ことのほか敏感な脇の下をろうそくの火で焼かれたりすることもあった。逆さにされた状態で顔に水をかけられる水責め（溺死状態になる直前まで繰り返される）も使われた。

　ねじを使った拷問はよく行われた。処刑人は柔らかい関節を鉄板に挟んでねじを締めながらゆっくりと圧力をかけていく。親指締め具や膝締め具は長時間の苦痛をもたらしたうえ、一生残る傷害をおわせた。ドイツの親指締め具は爪の甘皮を貫通させる針のついたものが多かった。「死の梨」は応用範囲の広い悪魔の拷問道具だ。膨らませることができる梨の形をした道具を口や直腸や膣につっ込み、臓器が爆発したり顎がはずれたりするまで膨らませる。「輪」や「冠」は頭部に水平にかけるか、あるいは顎から頭頂にかけて垂直にかけられて、頭蓋骨や顎が割れるまで締められた。冠はドイツのお家芸で、処刑マイスター、フランツ・シュミット（P75参照）の得意とする処刑方法とかなり通じるものがあった。基本的には親指締め具を大きくしたようなもので、上部は金属製の帽子のよう

左下：特に敏感な脇の下や足の裏を、鞭で打たれたり焼かれたりする。
右下：逆さ水かけに似た拷問。どちらも昔ながらの拷問である。

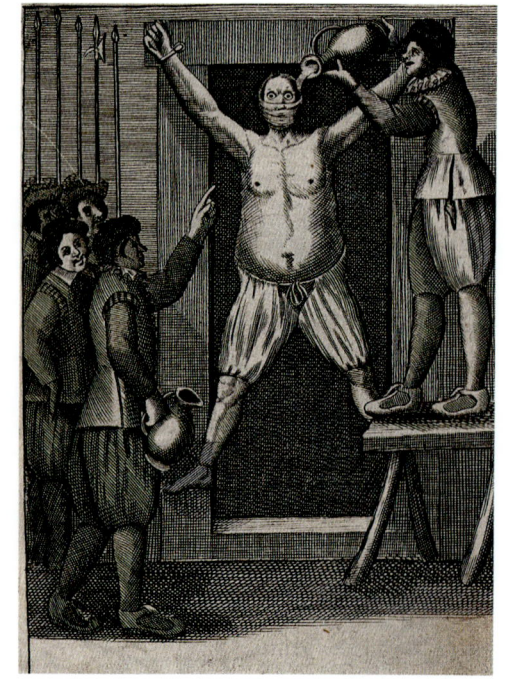

な形をしており、下部は顎を固定させるようになっている。きつく
締めて歯や顎の骨をつぶす。さらに金属の冠を鉄の棒でなぐるとそ
の耐え難い衝撃は頭から背骨を駆け抜け四肢にまで響いた。他に圧
力をかけて苦痛を与える拷問に「鉄のブーツ」がある。ヨーロッパ
全土とイギリスで使われたこの鉄のブーツは被疑者の足から膝下に
かけて締めつける。そこで鉄と足の間にくさびを打ち込み、骨を砕き皮膚を破く。

上：様々な処刑の様子。鞭
打ち、斬首、火あぶり、首
吊り、溺死刑、八つ裂き、
手足切断、拷問台上の骨砕
き、など。

　梯子や拷問台も手足を脱臼させて自白を促すために使われた。拷問台は拷問
にかける者をのせる水平な台で、手足にロープやチェーンをかけてこの台の上に
のせ、大きな巻き上げ機を使って四肢が脱臼するまで引っ張った。梯子は垂直
にして使う拷問台で、狭くて込み合った拷問部屋で使うのに便利だった。

右：親指締め具を大きく
したもの。この簡単な拷
問道具は世にも恐ろしい
苦痛をもたらす。

焼きペンチ

　中央ヨーロッパでは、処刑台に向かう途中で拷問を加えるのが一般的だった。焼きペンチの拷問である。処刑台に向かって行進する途中、決められた場所を通り過ぎるたび、処刑人はこの大きく尖った挟み道具で死刑囚の肉をちぎる。ちぎるのは多くても4カ所までで、この時点で失血かショックによって斬首の前に絶命してしまうという事実から、この拷問がどんなに酷いものだったかがわかる。腕や腿から2カ所ちぎるケースが一般的だったが、それでも失神したり卒倒したりした。

　頑固な囚人を屈服させるには、複数の拷問にかける必要があった。ニュールンベルグのある囚人は梯子刑に6回かけられたうえ、脇の下をろうそくで焼かれた。彼の義兄弟のほうは、2回は火をつけられながら、4回は同時に頭蓋骨締めをされながら、親指締めの刑を処された。囚人の自白を導くことは重要だったが、決定的な障害を与えないよう気をつけなければならなかった。処刑台への行進ができなくなってしまうからだ。囚人にけがをさせてしまった場合は、「美しい死」（P62参照）を演ずるために処刑前に治療しなければならなかった。

下：この大判のイラストは、1589年、大御所シュミットによるフランツ・ソイホルトの拷問と処刑を描いている。

処刑マイスター、フランツ・シュミット

1600年から1618年までニュールンベルグの処刑執行人の長を務めた処刑マイスター、フランツ・シュミット（1554〜1634年）がその役割を克明に綴った日記により、他にはない視点で17世紀の処刑執行人の世界をかいま見ることができる。罪人を処刑することに加え、社会の倫理規約を守らせることや、裁判所が下した刑を実施することも彼の役目だった。

シュミットの父が、失脚した貴族に強制されるかたちで処刑を行ったのがすべての始まりだった。ひとたびその世界に入ってしまうと、それまでの地位を失って、彼の子孫は同じ道を引き継ぐしかなかった。若き弟子シュミットは、仕事の重要な技能を父から学ばなければならなかった。──道具の手入れ、剣を研いでオイルをぬること、職人たちの食事や飲み物の用意、必要な備品の仕入れ、処刑の後片付けなど、まずは基本的なことから始まった。

処刑執行や拷問に加えて、軽い罰を与えるのもシュミットの仕事だった。常習犯を町から追いやることも、舌を切ったり鼻や耳を切り落としたりすることも、罪人をさらし台にかけることも、すべて彼の仕事の一部だった。ときには例年より忙しい年もあった。1585年には19人の鞭打ちと11の処刑にたずさわった。ニュールンベルグの処刑執行人の長として最初の10年間で48人の斬首と71人の首吊り、11人の車輪刑、5人の指落とし、3人の耳切りを執行した。シュミットは輝かしい処刑人生活において、1573年、彼が19歳のときの初めての処刑に始まり1618年に引退するまでに、394の処刑を執行した。45年のキャリアのなかで187人の凶悪犯を剣の刑に処したが、一振りで絶命させられな

上：1591年、ハンス・フレシェルを処刑する、処刑マイスター、フランツ・シュミット。

かったのはそのうちたったの4人だけだった。

処刑人生活を送っていた日々、彼の職業が住民を恐れさせたにもかかわらず、シュミットはニュールンベルグ社会の大切な一員であった。厳格な禁酒家であり、犯罪社会とは一切個人的なかかわりをもたなかった彼は、多くの同業者とは一線を画していた。ペグニッツ川を見下ろす処刑執行人用の無料の官舎に暮らす彼は、健全な市民そのものだった。彼はしばしば、溺死刑や首吊りよりも苦痛を与えない斬首刑をもっと取り入れるようにと当局に申し入れた。

火あぶり

生きたまま火あぶりにされるほど恐ろしいことが他にあるだろうか？　柱にはりつけられて、足元に積まれた薪に火をつけて焼かれる恐怖を想像してほしい。数えきれないほどの「魔女」がヨーロッパやイングランドや植民地で火あぶりにされた。スペイン異端審問で異端者として摘発された者は、本国でも新大陸でも処刑用の薪の上で悲惨な死をとげた。コンキスタドール（訳注：メキシコ、ペルーを征服したスペイン人）はアステカ族の惨たらしい人身いけにえを批判したが、カトリック教会は18世紀に入るまで何百年にもわたり魔女狩りを行っていたのである。魔女狩りと魔女の火あぶりが最も盛んだったのはヨーロッパ大迫害時代で、1560年から1650年頃のことだ。

火あぶりの刑

　この残虐な処刑方法は、当局が民衆に恐怖心を与えるために世界中で行われてきた。北アメリカのインディアンは、自分たちの領地を侵害してくる他部族や白人開拓者らを火あぶりにした。主人にそむく奴隷は、見せしめのため他の奴隷の目の前で焼き殺された。古代ローマの円形闘技場で磔にされた罪人が火あぶりにされる様子は、恐ろしい舞台照明のようだった。罪人たちは十字架に打ちつけられる前に、燃えやすい薬品で処理されたローブを着せられた。見物人たちが夕方の見世物にそろそろ飽きてくるころ、罪人達に火がつけられて人間たいまつが始まる。

下：カトリック教会は、しばしば異端者を火あぶりにした。ボヘミア出身のヤン・フスは1485年、カトリック教会により火あぶりにされた。

苦渋にまみれた死

「火あぶり」という言葉はあまりにも簡潔すぎる。極限の熱をあびて気を失うこともあるし、焼かれた足先から血が流れ出て失血性のショックで心臓が止まり、内臓が機能しなくなって死亡する場合もある。燃えさかる炎から出る有毒ガスや炭素で窒息死することもあった。

炎は皮膚を焦がして四肢を焼き落とすだけではない。目撃者の記録によれば、手や腕や足先が焼けて落ちると、ちぎれた先端は火にあぶられていったん止血された状態になるのだが、死刑囚が手足をばたつかせるために炎の上に血が噴き出したとある。炎が胴体や顔にまで到達しても生きている者もいた。主教ジョン・フーパーは勢いのない炎で、生きたまま45分間もあぶられた。やっとのこと絶命し、その体が炎のなかに転がり落ちる直前になってやっと両脚と左腕が焼け落ちた。彼は、クイーン・メアリー・チューダー（訳注：メアリー一世。プロテスタントに対する過酷な迫害が有名で、ブラッディ・メアリーとも呼ばれた）による宗教改革の犠牲者で、1555年2月、イングランドのグロスターで処刑された。

左ページ：インカ帝国最後の皇帝アタワルパ（1497〜1533年）。1533年8月29日、スペインのコンキスタドール、フランシスコ・ピサロにより処刑された。

下：1836年、セント・ルイスにおけるフランシス・L・マッキントッシュの火あぶり刑。

上：火あぶり刑にはいろいろな方法がある。この男は縛られてから燃え盛る樽に入れられた。

薪で焼かれる死刑囚の運命は、処刑執行人の思惑ひとつだった。──火がゆっくりとくすぶれば、想像を超えた苦痛が長い時間続く。異端者、魔女、そして反逆者は、この恐ろしい刑にかけられる運命だった。罪の重さ、あるいは処刑執行人の性格によって、死刑囚に与える苦痛は強くも弱くも調節できた。罪人は木の柱にチェーンや鉄の輪で縛りつけられ、その周りに木や藁の束が置かれた。手や足、ふくらはぎなど、体の先端部分からじわじわと焼いていき、その後火が胸や頭に到達するように木の束を組めば、極限の苦痛を与えることができた。異端者たちは改宗すればこの悲惨な運命からのがれられ、実際多くの者が火あぶり台に上がる前に改宗の意思を示した。普通は火薬の入った袋を股のつけ根や脇の下に巻きつけられるのを嫌うが、実はこれは火あぶり刑を受ける罪人が、じわじわとゆっくり焼かれる恐怖を味わわないで済むようにとの処刑執行人の慈悲深い工夫なのだ。

聖トマス・モアは1530年代、聖人らしいとはいいがたい手段でプロテスタントを取り締まった。1531年、ジョン・テュークスバリーは聖書を読んだ罪で火あぶり刑を宣告された。言うまでもなく彼が読んだのは、禁止されていたウィリアム・ティンダルによる「異端の」英語訳版であった。現代人の目から見ると、やはり刑は残酷だった。ティンダルはモアの家の雑役婦用の小屋の貯蔵品の間に6日間閉じ込められた。その後、鞭で打たれ、目から血が噴き出すまで眉毛を挟みねじられた。

さらにロンドン塔で拷問にかけられ、最後に火あぶりにされた。ティンダルとともに告発されたアンドリュー・ヒュイットとジョン・フリスも同様の拷問を受けたが、彼らを火あぶりにする薪に火がつけられると、激しい風が吹いて炎が彼らの体から離れてしまい、絶命に至るのに悲惨にも2時間もの時間を要した。ティンダル自身も、一般市民でも読める聖書を作成した異端者ということで逮捕され、火あぶりにされた。ティンダルが処刑された2年後の1538年、ヘンリー八世は主義を変更し英語版の聖書を許可した。

ジロラモ・サヴォナローラもまた教皇アレクサンデル六世により、容赦ない刑を与えられた。ジロラモはルネッサンス期の華やかなイタリア社会に狂信的に反発し、大量の美術品や書物を焼却した。彼は16日間の拷問を受けた。ある日などは1日に14回も拷問台に乗せられた。拷問台上で罪を認めてしまった彼は、拷問から解放されるやいなや前言を撤回しこれが自分の首を絞めることになった。狂信的な「怒れる修道士」に苛立ったローマ教会は彼を1498年5月23日フィレンツェで首吊り刑にし、のち火あぶりの刑に処した。

下：教皇はジロラモ・サヴォナローラの死を見せしめにした。彼の火葬の火は桁外れに大きく、立ち昇る煙は何マイルも先から見えた。

ささやかな慈悲

火あぶりにされる死刑囚の首に絞首用の縄をつけることもあった。処刑執行人がこの縄で死刑囚の首を締めれば、炎が定着しなくても素早く絶命させられるのだ。理論的にはそうなるのだが、――いつもうまくいくとは限らない。

1731年イギリス植民地のペンシルバニアで、キャサリン・ベヴァンという女が夫を殴り絞め殺した罪で火あぶりの刑を宣告された。彼女が火あぶり台に縛りつけられると、処刑執行人は、焼かれ死ぬ前に素早く絶命させてやろうという情け心で、首元の金属の輪に絞首用の縄をつけた。炎がキャサリンの周囲にたちのぼり、処刑執行人は手を伸ばしてロープを引っ張ったが、ロープは焼け焦げてちぎれてしまい「慈悲の一吹き」を与えることができなかった。

もう一人のキャサリン、キャサリン・ヘイズは1726年、ロンドンで火あぶりの刑を受けた。彼女は共謀者とともに夫を斧で殺し、身元を隠すためその頭部をテムズ川に投げ捨てた。しかし捨てた頭部は発見されて当局の手に渡ってしまい、彼女の計画は狂った。当局は頭部の身元を確認するために串に刺してセント・マーガレット教会の庭に立て、そこに何人かが死者を確認するために訪れた。当然、キャサリンは第一の容疑者だった――当局が彼女を逮捕にやってきたとき、彼女が共謀者の一人とベッドにいたことは、余計に当局の心証を悪くした。ジンに浸かった壺のなかの頭を見せられ、キャサリンはそれに触るように言われた。当時広まっていた迷信によると、もし彼女が有罪であれば、頭は血を流すか青ざめるはずだった。どちらも起こらなかったが共謀者の一人が自白したことにより、彼女は受刑者用のそりでタイバーンに引かれていき、火あぶりの刑に処された。

彼女は、炎に焼かれる前にとどめを刺すための縄を首に巻かれた状態で火あぶり台に縛りつけられた。炎が燃え上がると、処刑執行人は彼女の首を絞めようとしたが、風向きが変わり、自分が炎に焼かれてしまわないよう

左ページ：処刑人は燃え盛る炎に阻まれ、キャサリン・ヘイズの首を絞めてやることができなかった。

下：1312年、テンプル騎士団は解体され、多くの騎士は異端者として火あぶりにされた。

上：コッシュ親子は無情にも火あ
ぶりにされ、ペロタン・コッシュ
の生まれたばかりの赤ん坊は火の
なかに投げ入れられた。

ロープから手を放すしかなかった。見物人によると、彼女は燃
え盛る薪を押しやろうと暴れ、処刑人執行人は薪を手にすると
彼女の頭をぶち割り「脳みそがあたりに散らばった」という。

首吊り刑の予定だった何人かが手枷を振りほどいてそりから逃
げ出し、間に合わせに設置された特別観覧席が見物人の重みでくずれ落ちて、少
なくとも2人の犠牲者を出したこの日は、処刑人にとって呪われた1日だった。

1556年チャンネル諸島のガーンジー島で、キャサリン・コッシュと彼女の2人
の娘が異端のかどで火あぶり刑を宣告された。処刑執行人は3人の首を絞めよう
としたが、間に合わなかった。下の娘はそのとき妊娠しており、炎に焼かれなが
ら同時に出産の痛みを経験した。赤ん坊は処刑の火から助け出され、地元の司
祭のもとに連れていかれた。「司祭、司教代理、行政官、カトリック司祭長、治
安判事［陪審員］が集まり討議の結果、この赤ん坊は異端であるとされ火あぶり
の炎のなかに投げ込まれた」──洗礼を受ける機会はなかっただろう。

魔女を生かしておくなかれ

　中世後期からルネッサンス初期にかけて、魔女が迫害の標的となった。宗教改革で分裂してしまったカトリック教会は、「異端者」に対して変質的なほど過敏になり、可能な限りつぶしてしまおうとした。恐ろしい拷問と不当な裁判を通して、おびただしい人数の異端者が殺害された。最も一般的な処刑方法は火あぶりだった。魔術はそもそも通常の方法で証明できるものではないので、魔女裁判では普通の裁判のような確固とした証拠は求められなかった。

　大まかに定義すると、魔女とは悪魔と契約を結び、悪魔から与えられた魔力を使って隣人や仲間を傷つけ、作物を枯らし、家畜を殺し、大被害をもたらす嵐を巻き起こして経済を破滅させる存在だった。

　ヨーロッパでは男性も女性と同じくらいの人数の魔術使いの告発を受けたが、イギリスとアメリカ植民地で魔女の刑を受けたのはほとんどが女性だった。特に（絶対ではないが）年を取った未婚女性や未亡人が多かった。当時の社会では、家父長制度のもと女性の身分が低く、男性の庇護のも

下：最初の魔女の大量火あぶりは、中世初期に行われた。これはフランス女性たちが火あぶりにされる前の拷問である。王がその様子を見ている。

魔女の力

魔女は強い力を持っていると信じられていたので、国家間の争いにまで関係してくると考えられていた。スコットランドのジェームズ六世（のちのイングランドのジェームズ一世）は1590年にデンマークから新妻を連れ帰ったときの航海は魔女に呪われていたと信じた。快調に滑り出した航海は、やがて吹き荒れる嵐に襲われ、艦隊の1艘は沈没した。スコットランドに帰り着くと、彼は100人の魔女を逮捕して裁判にかけた。艦隊が出港したコペンハーゲンでも6人の魔女を処刑した。

左：ジェームズ一世は、多くの魔女の拷問を自ら指揮した。

魔女たちは拷問にかけられ、小悪魔や悪魔を遣わして、波の下から船を引っ張らせたと言わされた。イングランドの魔女がスコットランドの新しい女王を殺そうとしたとも信じられていた。まず魔女たちは、不運な猫を捕まえてきて、これにクイーン・アンと名づけた。そして死んだばかりの若い男の遺体を入手し、遺体から性器と腕を切り取って哀れな猫の手足に結びつけ、海に連れていき水中に投げ込んだ。これは恐ろしい大嵐を巻き起こした。1578年の初め頃、イングランドのエリザベス一世と2人の忠臣を殺害する計画がたくまれた。3体の蝋人形、その1体には額に「エリザベス」と彫り込まれたものが、家畜の糞の山に埋められているのが発見された。

左：悪魔は手下の魔女たちに蝋人形を手渡し、人形を使って無垢な人々を呪わせたと言われる。

とにない女性は、社会常識に異議を唱え社会を脅迫する者と捉えられた。

　イングランドのチューダー朝の時代（1485～1603年）は特に、不景気で賃金は低く、破滅的な時代が続き、民衆のほとんどが不景気を生き延びるのに必死だった。豚が子を産まない、牛が転んで首を折る、などの出来事は生きるか死ぬかの分かれ道だった。栄養失調や不潔な環境による体の不調は長期に及んだ。こんな社会で、災難が起こったら魔女のせいにするのは都合がよかったのだ。

　この時代、人々はごく自然に迷信や悪魔の存在を信じていた。子供たちは小さな頃から、水路に住む邪悪な魔女の話を聞かされ、誘拐されて溺れさせられるぞと言われていた。当時の主な公共芸術であった教会の壁画には、地獄で繰り広げられる終わりのない苦難が描かれた。悪魔とその仲間たちは病気や死や嵐など、ありとあらゆる不幸を巻き起こし、不幸はすべて

下：ジェームズ一世の悪魔学（1597年）に、魔女たちが調理する恐ろしいスープのことが書かれている。特に好まれたスープの材料は黒猫だった！

悪魔の不吉な姿かたちに由来するのだと思われていた。悪い
ことが起こると、地上で最もわかりやすい悪魔の手先——魔女
たち——にすべての矛先が向けられた。恐怖によって動かされて
いる社会で、多くの者が魔女の力を信じたのは当然だった。

イギリスでもヨーロッパでも魔女の告発は田舎に多かった。
田舎では人間関係が密で、長いことすぐ近くで暮らすうち、
お互いの欠点や奇行が目についてしまうからだ。付き合いの
難しい人物として目立ってしまうと、すぐさまいろいろな理
由をつけて魔女として告発された。執念深かったり怒りっぽか
ったりする村人は、檻に入れられたり金属の首輪をはめられて村
中を引き回されたり、鉄のくつわを頭につけられたりした。この奇
妙な拷問道具は、被せると口に入って舌をおさえつける金属の板が
ついているものが多かった。

上、左：中世社会では女性の自
由は限られていた。夫に口答
えすることは禁止されており、
これを破る者は「鉄のくつわ」
をかけられた。

右：助産婦と薬草療法士の多く
が魔術使いで告発された。彼
らの運命は悲惨だった。ここ
ではフランス人の助産婦ルイ
ーザ・メイブリーが、彼女の
「仲間」とともに火あぶりにさ
れている。

魔女狩り人

　魔女である可能性が確認されると、その女性が本当に「悪魔の使い」であるのかを試す方法はいろいろあった。このテストは魔女狩り人により執り行われた。

　方法の1つ、そしておそらく一番よく知られたのが魔女を水に浸ける、あるいは「泳がせる」方法だった。水は神の御心より生まれた純粋な物質と考えられていた。魔女の容疑をかけられた者は、手足を縛られて水に投げ入れられた。もしも沈めば、運のいいことに——彼女は魔女ではない。もしも浮いたなら、気の毒なことに——魔女だということになる。正しい判定をくだすため、通常いくつかのテストをあわせて行う必要があった。

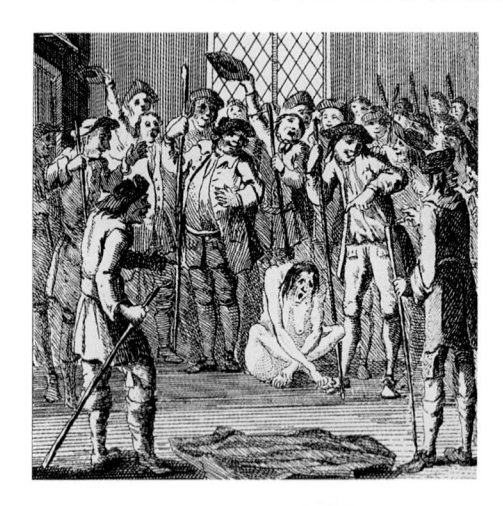

　魔女の容疑者は、水から引き揚げるためのロープに両手を縛りつけられた。テストを確実化するために、左足のつま先を右手の親指に、右足のつま先を左手の親指に結びつけてから水に浸した。この方法により2回水に出し入れして沈まない場合は、魔女であることが確実になる。

左、下：魔女裁判は公開で行われ、公衆の面前で屈辱を与えられた。裸にされ拷問を受け、水に浸される。この行程を生き延びられない者も多かった。

Margaret,   Joan Flower,   Philipa,

上：ジョアン・フラワーと2人の娘、マーガレットとフィリッパ。描かれている猫、犬、鳥は彼女らの「魔女仲間」である。

　パンとバターを魔女テストに使うこともできた。司祭の清めを受けたパンを容疑者に食べさせてみる。容疑者が吐き出したら、彼女は魔女だと証明される。1618年、イングランドのリンカーン城の魔女裁判に娘たちとともに送り込まれることになったジョアン・フラワーという女性が、送り込まれる前にこのテストを受けさせてもらえるよう頼んだ。彼女はパンを飲み込んだとたん、おそらくは不安による心臓麻痺で、パンを清めた司祭の目の前でくずれ落ち死んだ。これは彼女が魔女であった証拠と捉えられ、娘たちをさらに困難な立場に追い込んでしまったことは間違いない。

　最もはっきりとした魔女の印は、熟練の魔女狩り人により見つけられる「悪魔の刻印」だった。これは魔女の体のどこかに肉が小さく突起した形をしているのが普通だった。悪魔と魔女が契約すると、悪魔は魔女のどこかをつねって印を残す。悪魔や魔女の同志たちがやってきてこの印に吸いつくとされていた。魔女には複数の同志がいる場合もあり、通常彼らは猫やヒキガエルや鳥の姿をしていた。彼らは魔女の胸や下半身の隠された部分に何時間も吸いつき、邪悪な魂を吸い取って栄養にし、代わりに魔女に悪魔的な力を与えた。狡猾にも悪魔は、刻印あるいは「突起」を魔女の頭の毛の下に隠した。もっと一般的だったのは陰毛のなかだった。魔女狩り人の主な仕事は、魔女の頭の先から足の先まで毛をそり上げ

上：『魔女審査』トムプキンス・ハリソン・マッテソン作。魔女狩り人たちは、ただのシミや汚れを「悪魔の刻印」に仕立て上げた。

ることだった。隠された刻印は、斑点や蚤の食い跡、ほくろ、白斑などのように見え、とても刻印には見えなかった。ただのそばかすに見えることさえあった。この刻印を針で刺して血が出ない場合、あるいは痛みを感じない場合は、悪魔の刻印であることが明らかになった。魔女狩り人はありとあらゆる針を使って、刺しても痛みを感じず出血しないスポットを見つけるまで、魔女の体中を刺してテストした。刻印が見つかると、魔女と悪魔との契約が証明された。

　たくさんの魔女狩り人がこの針刺しテストでひと財産を成し、仕事を求めてイングランドの地方やヨーロッパ大陸を放浪した。報酬を得るのは魔女を見つけたときだけだったので、魔女を証明するためにいろいろなインチキをした。イングランドやヨーロッパでは「魔女狩り将軍」マシュー・ホプキンス（1620〜1647年）などの針刺しテスト専門家たちは、公衆の見守るなか、裸にした魔女をベンチに乗せて「悪魔の刻印」が見つかるまで体中くまなく針を刺した。ホプキンスはテスト用の特別な針を持っていた。その道具は針が持ち手の部分に引っ込む仕掛けになっていて、彼はそれを大げさな身振りで魔女に突き刺すふりをしてみせ、引き抜いたときには血も出なければ傷もないというわけだ。持ち手の部分に引っ込んだ針は、引き抜くときにばねで元に戻るようにできていた。ホプキンスには魔女検挙率を上げるもう1つのごまかし技があった。気の毒な魔女が拷問を受けて呻く声を、ホプキンスなりその仲間なりがわかりやすい自白に直して通訳し、それをそのまま記録したのだ。

フランツ・ブイルマンはドイツの過激な魔女迫害者だった。ケルン選帝侯の任命を受け、1630年代を通して美しい地方と近隣のユーリヒ、クレーヴェ、ラインバッハ、メッケンハイム、フレルツハイムの町を黒く染めた。ラインバッハで彼が最初に逮捕したのは、金持ちの未亡人、クリスティーネ・ベーフゲンだった。彼は彼女の魔女の所業ゆえではなく、そのとてつもない財産ゆえに逮捕した。拷問を受け、全身の毛を剃られた裸の体の頭の先から足の先まで針刺しテストをされるうち、彼女はとうとう自白をする前に死亡してしまった。1人の魔女仲間の名前を吐き出させることなく拷問室で死なせてしまったわけだが、ブイルマンは彼女の資産を受け継いだので充分満足だった。

誰もブイルマンの手から逃れることはできず、彼は与えられた権力を行使して、町の議員やその夫人までも迫害の対象とした。ペレル夫人は、彼女の姉妹が魔女狩り人に口説かれてそれを拒否したことへの仕返しに逮捕され、拷問を受けて公衆の面前で悪魔払いされた。ペレル夫人はまた、ブイルマンの手下たちに繰り返し凌辱され、自白させられたあと火あぶりにされた。ラインバッハ市長までも標的にされ、24日間拘束されたあと最終的に自白させられ火あぶりにされた。

ブイルマンはボンに呼び出され、公務執行の誤りと行き過ぎた拷問で、一時期停職処分を受けた。しかし彼は言い訳をして、ていよく処分を回避し、1632年には復職して残忍な迫害活動を続けた。5年後ブイルマンはラインバッハに戻り、また裕福な人々を標的にした。2度目に職を離れるまでに150人を処刑した。たった300世帯の小さな町はすっかり損なわれてしまった。ブイルマンは自分の手下すらも処刑した。手下の仕事が気に入らないと彼を火あぶりにしたのだ。

右:「魔女狩り将軍」マシュー・ホプキンスは魔女を摘発し処刑して富を築いた。無実の女性たちにとって幸いなことに、彼は27歳の若さで死んだ。

史上最も不公平な裁判

　裁判にかけられた魔女が助かることはほとんどなかった。魔女に勝ち目はなかったのだ。「魔女を生かしておくなかれ」と聖書にもあるではないか？　神は無実の者が告発されることをお許しにならない。ということはつまり、告発されるということとは有罪であるということなのだ。魔術はcrimen exceptum（他に例を見ない犯罪）なので、魔女裁判には通常の法規範は求められなかった。処刑から魔女を救ってしまった法廷は神に見捨てられ、国は疫病や戦争大飢饉に見舞われることになった。

　通常「あてにならない」とされる参考人、例えば老人、子供、乞食、犯罪人などが裁判で証言することもあった。イングランドのペンドルでは1612年、9歳の少女の証言により少女の母親と兄弟、姉妹、そして2人の隣人が火あぶりにされた。レスターでは1616年、1人の少年の証言により9人の女性が処刑された。審問を受ける際、涙を流し緊張した様子の女性は明らかに有罪だった。同じく裁判中も堂々と威厳を保つ女性もまた明らかに有罪だった。少なくともある1点においては、魔女も他の罪を犯した女性と同様の扱いを受けた。妊娠している場合は処刑されなかったのだ。1590年代のケンブリッジシャーのウォーボーイーズでのこと。「サミュエル家の老母」は妊娠中だと告げたが、このとき彼女は80歳だった。当然ながら助産婦による検査の結果、事実でないことがばれた。

下：マサチューセッツ植民地のセーラム魔女裁判では1692年から1693年にかけて20人が処刑された。そのうち14人が女性だった。

KILBURN sc.　　　　　　J.W.EHNINGER.

左：魔術使いで告発された者の多くは拷問の激しい苦痛を避けるため自白した。

下：「鉄のブーツ」は膝下にしかけられ、そこに打ち込まれる木のくさびで圧迫を増し、肉は裂かれる。

拷問

　魔女と疑われても、認めてしまえば辛い結末が待っているので、容疑者はなかなか自白をしなかった。そこで悪魔と契約を結んだことを魔女たちに認めさせるには、拷問が必要だということになった。「鉄のブーツ」はよく使われた拷問道具だった。イングランドでは、爪の下に針を刺して爪を引き剥がす拷問が一般的だったが、ヨーロッパにおいては、拷問部屋にある親指締め具や吊り落とし、様々な形の拷問台、などあらゆる拷問道具が使用された（これらの拷問方法は2章で詳しく述べている）。

　初期に見られた睡眠妨害の拷問は、不運な被疑者が正常な判断力を失って、思い通りの自白をするまで寝かさないことだった。男女は台の上に立たされて詰問されたりなだめすかされたりしながら、食べ物も水も与えられず40時間ほど拷問は続く。そうでない場合は、筋骨たくましい2人の看守に監房中を引っ張りまわされ、前へ後ろへと何時間も小突き回される。これらの拷問を受けて自白してしまっても、多くはのちに自白を撤回したが、そのときはもう遅かった。

　抑圧された性に悩む司祭たちが魔女の拷問に加わった。魔女だと告発されるのはほとんどが女性だったので、彼女たちは拷問人のサド、マゾプレイのおもちゃにされた。16世紀のフランスで、カトリーヌ・ブワレオンヌは司祭から拷問を受けた。司祭は熱した油を彼女の目や腹や膣に繰り返し注ぎ、そうするうちに処刑人の手に渡す前に彼女を殺してしまった。処刑執行人や監房の看守や陪審員などを含む、合法に処刑にかかわる男性たちに、女性の胸や陰部がもてあそばれ、執拗にいじくりまわされた。

ヨーロッパの魔女裁判が奇妙なのは、魔女たちに、かかわった仲間の名前を出させることにこだわった点だ。納得いく人数の名前を得るまで拷問は続く。こうして町全体が巻き込まれていった。1600年代初めの北スペインでは、数年の間に7,000人もが魔女裁判にかけられ拷問を受けた。

中世では魔女として逮捕された者が、裁判を待たずして死亡してしまうことが多かった。鞭で打たれて食べ物も与えられず、大勢の魔女が詰め込まれた不潔な地下牢で生き延びるのは奇跡に近かった。年齢や性別にかかわらず一緒くたにされて、隙間という隙間まで詰め込まれた魔女たち全員が、赤痢の一種「発疹チフス」にかかって命を落としてもおかしくなかった。魔女たちがあまりにも不潔で菌にまみれていたので、裁判官や陪審員たちにその菌が感染することもあった。オーストリアのザルツブルクでは、魔女たちは専用に建てられたヘクセントゥルム、魔女の塔のなかの大きな銅のやかんに入れられた。銅は魔力を中和すると考えられていた。ドイツの多くの町に見られる魔女の塔は、魔女を一般の人々から分けるために建てられた。運よくこの塔を生き延びても、その後魔女裁判にかけられた。

上：ヘクセントゥルム、あるいは魔女の塔は、今でもヨーロッパのいろいろな町に残っている。

左ページ：記録係や裁判官のなかには、裸の若い女性が拷問を受けるのを見てサディスティックな性欲を満足させる者もいた。

アン・カゼリンの悲惨な逸話

アン・カゼリンは夫とともにドイツのバイエルン地方にあるアイヒシュテットに暮らしていた。1600年代初め頃この町ではたくさんの魔女が裁判にかけられ処刑されたが、彼女たちはこぞってアンの名をあげ、アンが悪魔と性交し、魔女の宴会にも出席するのを目撃したと証言した。アンとゲオルグは比較的豊かで、これがそれまでアンが逮捕されなかった理由だともいえた。それにもかかわらず、繰り返される告発がアンを疲弊させ、のちの夫の証言によると、アンは鬱病のような症状を見せ始めていたという。そこで一家は環境を変えて心機一転しようと、他の町に引っ越した。これが間違いだった。アイヒシュテットで受けていたような裁判所の優遇を、新しい町では受けられなかった。アンは1629年、魔女として逮捕され裁判のためノイブルクに送られた。

ノイブルクは今ではドナウ川のほとりにある、南バイエルンの魅力にあふれた旅行者に人気の町だが、アンにとっては悲惨な場所だった。アンは「新しい城」

の地下牢の壁に数週間繋がれたのち、とうとう裁判に連れていかれた。彼女を告発した者たちは、確固たる証拠などまるでなかったにもかかわらず、アンが魔女であると断言した。アンは以前アイヒシュテットで告発されたことを認めたが、無罪を主張し続けた。

　気の毒なこの女性に自白させるため、ありとあらゆる手段がとられた。最初は親指締め具が使われたが、アンが自白しようとしないため、処刑執行人は一歩進めて吊り下げ落としにかかった。アンは後ろ手に両手を縛られて、その手を高々と吊り上げられ、そして落とされ、また吊り上げられるのを何度か繰り返された。肩甲骨がはずれそうになると、彼女の我慢は限界に達し、当局の思い通りの自白をさせられてしまった。香油を体に塗って空を飛んだこと、悪魔たちと悪ふざけして騒いだこと、悪魔をたたえたこと、などだった。彼女は最初のうち他の潔白な者たちの名前を出すことはしなかったが、2度目の拷問では思うつぼの告発をしてしまった。

　絶望したアンは、自分の排泄物を食べて自殺しようとした。しかしこれは、彼女が悪魔とその所業を自殺によって守ろうとしたと、魔女裁判所を激高させた。アンは徹底的に痛めつけられ、そのうえで死刑を言い渡された。地元の司祭による最後の赦免のときにもアンは自白を取り消し、強制されて無理やり自白させられたと主張した。そのためさらなる拷問を受け、首を落とされて、命を失った彼女の肉体は火あぶりにされた。

下：魔女の宴会で魔女たちは仲間を与えられ、また悪魔とみだらな性行為を行ったと言われている。

上：14世紀から17世紀にかけて、ヨーロッパ中で何万人もの魔女が火あぶりにされた。この3人は1555年、ドイツのデルネブルクの市壁の外で火あぶりにされた。

魔女の火あぶり

　ヨーロッパでは、魔女の火あぶり刑が行われると、そのお祭り気分が一連の法手続きに付加価値をもたらした。学校は休みになり、子供たちは罪人がまだ水分が残る新鮮な薪の上でゆっくり焼かれていくのを見に行き、学校では得られない社会学習をした。16世紀、スイスのヌーシャテル州では、火あぶりの儀式は静かな鐘の音で始まり、魔女たちは鐘の音の響くなか、ヘクセントゥルムから町の広場にある要塞まで行進した。魔女は集まってきた一般市民や名士たちの前に跪き、自分の犯した恐ろしい罪をもう一度ここで自白しなければならない。もしもこの場で、与えられる刑罰の正当性を認めなければ、さらなる拷問が待っていた。哀れな魔女が火あぶりにされるために処刑執行人に引き渡される前に、地元の司祭が説教を施しにやってくる。その後、酒席がもたれ、市長や裁判所の職員らは罪人の財産で用意されたたっぷりの食事で腹を満たす。

　似たような盛大な刑の手続きがプロイセンでも行われていた。行政官は必要な手続きがすべて終了したことを象徴するように、杖を折りテーブルをひっくり返すなどの儀式を厳かに行い、魔女を処刑執行人の手に渡す。そして魔女は賛美歌を歌う司祭や武装した護衛官に囲まれた処刑場に連れていかれる。讃美歌の歌声に包まれて魔女は首を切られ、火で焼かれる。

　　スペインでは、魔女はくすぶる石炭の上にチェーンで吊るされてじっくりと焼かれたので、見物人は魔女が苦痛を与えられながらゆっくりと死んでいくのをたっぷりと楽しめた。ドイツでは魔女を梯子の上段に縛りつけ、高々と掲げてから一気に火のなかに倒すという、大げさな演出もされた。ラインラント地方の火あぶりは、乾いた藁の詰まった小屋に魔女を入れて火をつけるという特別な方法で行われた。瞬く間に燃え上がった炎で皮膚は焼かれて剥がれ落ち、炎はあっという間に治まって、その後だらだらと長い時間苦しみながら悲惨な最後をとげる。

　　ヨーロッパでは魔女狩りの大流行は異常なまでに蔓延し、大虐殺に発展することもしばしばあった。1560年から1650年の間が最も盛んで、少なくとも10万人が魔女裁判にかけられ、そのなかの少なくとも4万人が処刑された。100人単位の魔女の処刑がドイツとフランスで同時期に執行された。

下：魔女の判決を受けたものが自白を拒否し悪魔を否認すると、ことのほか悲惨な目にあった。この女性は顔から火に投げ込まれるところだ。

バンベルクの魔女監獄

司教領主、ヨハン・ゴットフリート・フォン・アシュハウゼンは、1620年代に、魔女を疑われた者に拷問を与え処刑する目的の、ほとんど産業レベルの施設をドイツのバンベルクに建てた。少なくとも400人の魔女がこの施設で処刑され、特に1617年には実に102人が告発され拷問を受け、斬首されたのち火あぶりにされたという記録を作った。

施設の主要部分はDrudenhaus（「魔女の館」）だった。すべてがそろったここには26の独房と、拷問部屋、裁判室があった。この施設には、司教領主の取り巻きであるフリードリッヒ・フェルナー司教の影響を受けた、準科学的宗教概念を支持する、専従の拷問人と処刑人がいた。迫害者たちは、宗教には無関係な法や法律家たち、あるいは少しでも魔女らしき行動が見られたら通報してくる情報提供者らに支えられていた。魔女の逮捕は一般市民に知られぬよう、通常は真夜中に行われ裁判と判決は公開されなかった。

多くの告発は私欲のためになされた。有罪の判決が下り処刑されると、罪人の家財は領主とその従属者のものになったのだ。

ひとたび魔女の館に入れられてしまうと、容疑者の自白を促すために極めて厳しい技術が使われた。吊り落とし、親指締め、膝締め、拷問台、さらし台、そして魔女の足を焼くための火桶つきの処刑椅子などすべてが使われた。他にもろうそくの蝋たらし熱湯、睡眠妨害、水責め、針刺し、熱した硫黄かけ、それに皮膚剥がしなどもあった。アシュハウゼン

上：バンベルクの魔女監獄は、黒い魔術を使った者を「改心」させるために使われた。

の後任、ヨハン・ゲオルグ・フークス・ドルンハイムのもとでは、12年間で1,500人のバンベルク市民がこれらの方法で拷問にかけられた。

フェルディナンド二世の時代になってようやく、容疑者には弁護人をつけ、家財の押収を禁止するよう法改正し、秘密逮捕と非公開裁判も禁止とした。1630年に司教フェルナーが死去し、続いて1633年にドルンハイムが死去すると、この無残なバンベルクの拷問の歴史は幕を閉じた。

6

世界の絞首刑

長い歴史を通して最も頻繁に行われてきた処刑は絞首刑で、基本的な方法なら柱とロープ1本があれば執行できる。ときを経て絞首刑の手順はより緻密になり、おそらくはイギリスの処刑執行人ハリー・ピアポイントが複雑な計算により最適な体重やロープの長さをはじき出し、完璧な「落下」を編み出した時代にその頂点を迎えた。

古代の絞首刑

　今から3200年前、絞首刑はすでに一般的な処刑方法だった。西洋文学で初め
て処刑場面が描かれたのは、ホメロスによるオデュッセイアで、人々が権力によ
り思いつくままに、裁判も情けもなく首を吊られた様子が書かれている。トロイ
の陥落の10年後、イタキ島に戻ったオデュッセウスは、不在の間に妻に求婚した
男を殺害し、王位を狙うものたちと手を組んでいたメイドを迷わず吊るし首にし
た。ホメロスはその処刑の様子をこのように描いている。

　　彼は丸屋根を支える柱の1本に船のもやい綱を結びつけ、首を吊った女中たちの
　　足が地面につかない高さに、建物中に張り巡らせた。ツグミや鳩が巣に戻ろうと
　　して藪に仕掛けられた網にかかり、羽をばたつかせてやがて死んでいくように、
　　女中らも首縄に首をかけて哀れにも次々と死んでいくのだった。女中たちの足は
　　しばらく痙攣するように動いていたが、そう長い時間ではなかった。
　　――オデュッセイア　ホメロス作　サミュエル・バトラー訳　1898年

　3000年ほども前に書かれたものであるが、首吊りがどのように
行われたかがしっかりと描かれている。大梁――この場合はもや
い綱――につけられた首縄、そして縄の先端でもがき苦しみなが

下：オデュッセウスは不実の
メイドたちに判決を下した。
――それは絞首刑だった。

ら死にゆく囚人の最後の姿などは、すべてその後に続く絞首刑そのままだ。オデュッセウスが絞首刑に詳しかったことから、この時代にはすでに絞首刑が一般的になっていたことがわかる。女中たちの処刑は時間をかけず、それほど残忍でもなく行われたが、メランティオスの処刑は違った。反逆罪で死刑になった彼の運命は悲惨だった。

> メランティオスは回廊をまわって中庭に連れていかれた。そこで彼らはメランティオスの鼻と耳を切り落とし、内臓を引き抜いた。その内臓はそのまま犬に与えられ、激情に任せて手足を切り落とした。
> ──オデュッセイア、ホメロス作

様々な絞首刑

首を吊るには大きく分けて2通りの方法がある。「ショートドロップ」（訳注：短いロープを使ってゆっくりと首を絞める）による首吊りは、首縄が気道をゆっくりと締め上げて、脳から酸素が奪われる。「ロングドロップ」（訳注：長いロープに一気に体重がかかることで、首に強い衝撃を与える）による首吊りは、急激な衝撃で首の骨を折って瞬時に意識を失い、生命兆候はしばらく残るが、その場で脳死する。

誰かの首を吊ろうとしたら、足元の台座をひっくり返すだけでも事足りる。あるいは馬に乗ったところを、馬の尻に鞭打って振り落とさせたり、ただ腕で抱きかかえてそのまま手を放したりするだ

左ページ：1266年、スペイン人ペドロ・アルメンゴルは絞首刑を逃れた。

下：30年戦争（1618～1648年）、捕らえられた兵士は首を吊られた。

けでもいい。両手を後ろ手に縛られた罪人が、首を吊られてもがき苦しみながら窒息死するにはおよそ15分かかった。尿や便が漏れ出すと罪人が絶命したことがわかる。次に「ハングマン」ゲームで描く、中世の簡単な首吊り台がある。1本の柱から横棒がつき出し、そこにロープを結びつけたものだ。2本の首吊り台の横棒を向かい合わせて長い横棒を作り、4人か5人一度に吊るすこともできた。3本の柱を使い長い横棒を三角に組めば、15人から20人を同時に処刑できた。14世紀のドイツでは、四角に組んだ首吊り台を2階か3階建てに積み上げて、圧倒的な人数を同時に処刑できる首吊り台を作った。社会的地位を処刑に反映させた一例だ。下2段は一般の罪人用に、上の1段はその首謀者用に使われたのだ。

下：ヨーロッパ人は自分たちのやり方で、世界中どこでも処刑を行った。ポルトガル人反逆者は1658年スリランカで絞首刑に処された。将官たちは拷問を受けている。

中世のパリは、ヨーロッパの誇り高き王国の中心の町だった。栄えある首都にふさわしく、巨大な首吊り台が建設された。市壁の外の小高い丘の上に建てられたそれは、横45フィート（14メートル）長さ65フィート（20メートル）の台を10本の石の柱で囲んだものだった。柱のてっぺんを横木がつなぎ、横木にはチェーン

がかけられて、そこに首縄が取りつけられた。罪人の首には2
本ずつ首輪がかけられ、ジェット（「投げ」）と呼ばれるロープも
つけられた。首縄が2本かけられたのは、一方が壊れたときの
用心のためだ。高いところから吊るされた罪人を、失敗のため
にまた引き上げるのは大変だ。処刑執行人は2本のロープとし
っかりした梯子を使って罪人を吊り上げた。罪人が横木のいい位置に収まると処
刑執行人はジェットを引っ張って罪人を梯子からはずす。罪人を早く窒息させよ
うとする場合は、横木が高すぎるので罪人の足にぶら下がることはできなかった
が、代わりに罪人の手首に結んだもう1本のロープをぐっと引きながら、首が折

上：パリ、モンコフォンにある壮
大な絞首台は、1233年に建設さ
れ1760年に取り壊された。この
絞首台は横45フィート（14メート
ル）長さ65フィート（20メートル）
の台座の上に建てられていた。

れるまで上下させた。

　中世のヨーロッパ大陸では、ユダヤ人の囚人を逆さ吊りにすることが多かった。逆さ吊り刑はユダヤ人だけを対象とした刑ではなかったが、当時の世の中は反ユダヤ感情が強く、逆さ吊りはユダヤ人にふさわしいと考えられていた。刑は罪だけではなく、罪を犯した者にふさわしくあるべきで、犬とともに犬のように惨めに死ぬ刑は、理にかなっているとされていた。ユダヤ人死刑囚が改宗を誓いキリスト教を信仰するなら、刑は絞首刑に軽減された。裁判では、ユダヤ人は生の雌豚の腹肉の上に立たされて改宗を迫られるという屈辱を与えられた。

　オーストリアでは1918年ハプスブルク帝国が崩壊するまで「オーストリア式首吊り台」と呼ばれる処刑台が採用されていた。その首吊り台は、受刑者の苦痛を可能な限り大きくし、そして処刑執行人と助手が受刑者の絶命に「実際に手を貸す」ことを目的に作られたかのようだった。この簡単な首吊り台は、鉤もしくは杭がてっぺんに取りつけられた1本の柱で、そこに短いロープと首縄がつけられていた。柱の後ろには処刑執行人が立つ台があり、柱の全面には囚人が乗る小さな踏み台が置かれていた。囚人の首に縄をかける前に処刑執行人は囚人の頭にフードを被せる。その後助手が囚人の足元から踏み台を蹴り飛ばし、首縄はゆっくりと囚人の首を絞めていく。助手は刑を早めるために囚人の足を引っ張るこ

左ページ：トルコ人はキリスト教徒の弾圧に首吊りと拷問を盛んに行った。この絵はキリスト教徒が逆さ吊りにされている様子である。

不幸な運命

　ドイツでは、絞首台で働いたり、また絞首台にちょっと触れたりすることだけでも縁起が悪いと考えられていた。──悪運は一生ついて回り子孫にまでも伝わる。ニュールンベルクで絞首台の建て替えが必要になったときのこと、評議会は市内の全職人をその工事に携わらせることで、悪運をできる限り薄めようとした。336人の石工や大工、それに加えて聖職者や貴族たちが音楽に合わせて工事現場の周りをパレードする様子はお祭りのようだった。

　1日で絞首台を建て終えると、彼らはみんな市の予算で行われた祝宴で御馳走を楽しんだ。ドイツの処刑執行人は、一般社会から排除され、話をしたり一緒に酒を飲んだり、他のどんな形であっても彼らや彼らの家族と関わることは縁起が悪いとされていた。

ともできたが、これはめったに行われず、絶命までに10分強かかるのが普通だった。ほとんどの国ではロングドロップが採用されたが、オーストリアでは時間をかけるショートドロップが好まれ、実に1918年まで採用し続けたのである。

罪人を「オーストリア式首吊り台」で処刑する場合は、限られた人々の見守るなか、刑務所や裁判所の庭で執り行われた。見守るのは地元の名士、司祭、近い親戚そして町内の代表2名、などだった。一方政治的な犯罪は、一般の市民全体にかかわることなので公開で行われた。

下：15世紀初めに描かれたこの絵は、当時の絞首刑をよく表している。囚人は両手を後ろ手に縛られ足かせをはめられて、簡単な横木に吊るされる。

ギャロット

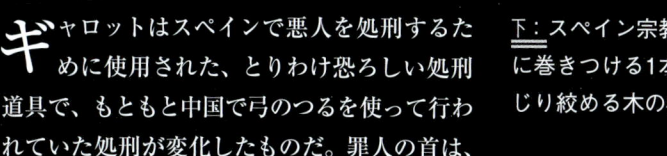

（訳注：スペイン式鉄環絞首刑。別名：ガローテ）

ギャロットはスペインで悪人を処刑するために使用された、とりわけ恐ろしい処刑道具で、もともと中国で弓のつるを使って行われていた処刑が変化したものだ。罪人の首は、大きな巻き上げ機にあけられた2箇所の穴に通した紐で柱にしっかりとおさえられる。巻き上げ機のハンドルを回すと、紐が締まって窒息する。

ギャロットは13世紀のスペイン宗教裁判の時に好まれて採用された処刑方法で、形を変えて多用された。死刑宣告を受けギャロットに繋がれた異端者には2つの選択肢が与えられた。誤りを認めて改宗すれば、火あぶりにされる前に首を絞めて殺してもらえた。改宗を拒めば、生きたまま焼かれ、ギャロットは頭を柱に縛ってさらすためだけに使われる。

もう一つのギャロットの使い方は、罪人を無骨な木の椅子に座らせ、首のまわりに鉄か銅でできた首輪をつけて柱にしっかりと留める方法だ。その首輪には刃か釘が先についた大ねじが罪人の首の真後ろについており、処刑執行人は、その刃が罪人の首にささり背骨を割るまで、大きなレバーを使ってねじを締めあげる。

ギャロットでの大量処刑も行われた。見世物効果を高めるため、罪人は大きな台の上に並べられる。20人弱の罪人が黒いローブとマスクをつけた処刑執行人にそれぞれのギャロットに引っ張ってこられた。それぞれが位置につくと大声で罪状が読み上げられ、事前に決められた通

下：スペイン宗教裁判の受刑者は、首に巻きつける1本のロープとそれをねじり絞める木の棒で窒息させられた。

りの合図に従い、処刑執行人たちはギャロットの大きなハンドルを回し始める。絶命の瞬間、助手たちが罪人達の顔に黒い布をかけた。尖った鉄の先が首の後ろに突き刺さり背骨を折るとき、罪人の手足は一瞬痙攣し、胸は膨らみ、舌が口から突き出して白目をむいたという。ギャロットは20世紀に至るまで採用されていた。

タイバーン絞首場
ロンドンの処刑センター

　2本の（ty）小川（burn）が交わる場所という名前の、楡の木に囲まれたタイバーン絞首場は、マーブルアーチもしくは現在では旅行者が押し寄せるオックスフォード・ストリートの端にあった。12世紀から18世紀にかけて4万から6万人がタイバーンで処刑された。記録に残るタイバーンでの最も古い処刑は、ウィリアム・フィッツ・オズバートの処刑で、オズバートは1196年、ここで処刑されたあと、絞首台の原型である「処罰の木」に吊るされた。

　中世では、絞首台へ向かう行程は見世物以外の何物でもなかった。1295年、トマス・ド・ターバーヴィルは反逆罪で絞首刑を言い渡され、タイバーンに連れていかれた。ターバーヴィルは雄牛に乗せられてぬかるみや砂利の上を引いていかれた。同行した処刑執行人は悪魔の衣装を身にまとい、こん棒でターバーヴィルを殴りながら行進した。

下：ウィリアム・ホーガス（1697〜1764年）の版画は、不品行な若者がタイバーンに連れていかれる様子を描いている。

　17世紀までには、より正式な処刑の手順が整った。有罪判決を受けたあとタイバーン・ツリーに連れていかれるまでに長く待つことはなかった。処刑前の安息のとき、すべての罪人は「ピット」と呼ばれる

ニューゲート刑務所のチャペルで、他の罪人たちとともに最後の
礼拝に出席し、運命に向き合った。彼らの目の前の台に置かれ
た棺は、彼らに心からの祈りをささげる気持ちをもたらしたに違
いない。

　また処刑前日の真夜中、死刑囚がどうにか眠りについた頃、寺男が彼らの監房
の外にやってきて鐘を鳴らしながら、救いを求めて神に祈りをささげるように促
した。これらの儀式は、1604年に聖職者としての収入をニューゲート刑務所の向
かいにある聖セパルクール教会に寄付した、ロバート・ドウ師の惜しみない行為
によるところが大きい。唱導は以下のように続く。

　　独房に横たわる者よ
　　そなえよ、明日あなたは死ぬのだ
　　すべてに目を開き祈れ、その時が近づく
　　目の前に全能の神があらわれる
　　自身を振り返り　悔い改めよ
　　命は永遠の炎ではない
　　朝、聖セパルクールの鐘が鳴るとき
　　主はあなたの魂にお慈悲をくださる

上：1760年、ローレンス・シャーリー、第4代フェラーズ伯爵の処刑に集まる観衆。彼は執事のジョンソン殺害のかどで死刑の判決を受けた。

朝、処刑が始まることを知らせるために鳴り響き始める聖セパルクール教会の尖塔の鐘は、全死刑囚の刑が終了するまで鳴り続けた。

死刑囚たちは独房から、彼らを待つ荷馬車まで連れていかれる。両手を体の前で縛られ（お祈りがしやすいように）首には首縄をつけられ、ロープは腰に巻かれていた。逃亡の危険がある者にはチェーンをつけたままにした。州長官代理は、死刑囚を受け渡されるときに、あたかも彼らがすでに死亡しているかのように、正式な死体の受取証を発行した。もともとは、死刑囚たちは馬の後ろに引きずられて刑場に向かったが、多くの者は途中で死亡した。次にそりや牛の皮に乗せられて引かれていったが、これが最終的には荷馬車にかわった。荷馬車には3人の死刑囚と3人分の棺が乗せられた。最大の集団処刑が1649年に執行され、23人の男と1人の女が、8台の荷馬車に分乗してタイバーンに運ばれた。車高の高い荷馬車に死刑囚と見張り番が何人かずつまとまって乗っていく様子は目立つので、たくさんの見物人が集まってきた。金のある囚人は民衆の好奇の目を避けるために、お金を払って、馬に引かれる黒いシルクの布を被せた霊柩車に乗ることもできた。

監獄を出発する前には、全員がよい香りのハーブをかがされた。刑場までの4

首吊りを経験して

　絞首刑から生還する者もいて、経験した者ならではの証言を残している。ジョン・スミスは1705年12月12日、絞首刑にかけられたその7分後、刑の執行猶予が申し渡された。蛭治療を受けた後、療養のためにベッドに寝かされた。意識を回復すると、最初に首を絞められたときどんなに酷い苦しみが体中を駆け巡ったかを語った。その後すぐに気を失ったという。気絶する直前閃光が瞬くのを見たということだ。その後彼は「首吊り帰りのスミス」として知られた。

　もう一人の生還者ウィリアム・デュエルは、なんと解剖台の上で息を吹き返した。彼が覚えているのは天国にいる自分で、天使がやってきて罪は許されたと言ったそうだ。

上：ジョン・スミスはタイバーンの「トリプル・ツリー」から降ろされた。彼の処刑がロングドロップで行われていたら、すでに命はなかったであろう。

マイル（6.5キロ）の途中では、パブや病院などに立ち寄り、そこで囚人たちは酒をすすめられた。役人の何人かは、他の者が酒を飲んでいる間、荷馬車に残る囚人のために一緒に残っていなければならなかった。──これがきっと「荷馬車に残る」（酒を断る）（訳注：原文はstaying on the wagon）という言い回しのもとになったのだろう。道中立ち寄るメゾン・アームズというパブでは、囚人たちは店のなかに入れられると壁に繋がれ、そこにいる客たちが自腹を切って繋がれた囚人たちにさらに酒を飲ませるという悪趣味も演じられた。「最後の一杯」を飲み終えると、ようやく荷馬車に戻され、タイバーン・ロード（現在は、ファッショナブルなオックスフォード・ストリート）を行く最後の行程に出た。タイバーンへの行列は、判事つき事務官と州長官代理を先頭とし、槍を持った護衛兵を伴って進んだ。護衛兵やこん棒を持った治安官は、酔っ払いや行進を妨害する

民衆をかき分けて進んだ。教戒師は囚人たちに最後の告解を促した。

　ロンドンにおいて、この刑務所からタイバーンへの道のりは、「西へ向かう」ことになる。ある囚人は、西へ向かうことを2回行うという珍しい体験をした。トマス・クックは死刑の執行猶予を待っていたが、1703年、彼の処刑予定のその日、執行猶予の申し渡しはなかった。彼がタイバーンに到着すると、そこで執行猶予が申し渡され彼は大いに喜んだ。だがニューゲート刑務所に戻る途中、執行猶予は取り消されたことを知った。2週間後、彼はもう一度西へ向かうことになった。今度こそは片道だけの旅であった。

タイバーンの発展

　タイバーン・ツリー（2本の柱に横木を乗せた簡単な作りの絞首台）の公開処刑は、そもそも犯罪を減らすために行われたのだが、すぐに処理能力を3倍に増やす必要があったということは、公開処刑の効果は無かったということか。1570年、タイバーン・ツリーは3本の柱と3本の横木を備えたトリプル・ツリーへと進化し、24人の囚人を同時に処刑できる装置になった。もう1つ改良されたのは、首を吊るために梯子を上る必要がなくなったことだ。梯子を上る代わりに、荷馬車がタイバーンに到着すると、直接処刑位置に着けるようになった。通常3人か4人を乗せた荷馬車は、指定された横木の下に誘導される。背中を車を引く馬のほうに向けて縛られた囚人には、実際横木の真下に着くそのときまで、絞首台は見えない。「脱帽！」の掛け声がかけられて、観衆は全員が帽子をとる。——敬意を表すためではない。帽子が見物の邪魔にならないようにだ。ロープがしっかりと横木にかけられると、付き添いの者が「首の詩」として知られる、聖書詩篇第51篇を朗読する。荷馬車に乗る囚人全員に首縄がかけられると、処刑執行人は馬の横腹に鞭をあて、全囚人の首がいっぺんに吊られる。

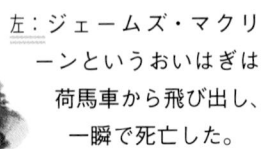

左：ジェームズ・マクリーンというおいはぎは荷馬車から飛び出し、一瞬で死亡した。

地獄の満潮

　ロンドンでの処刑がすべてタイバーンで行われたわけではない。——水兵の反乱や海賊行為など海にかかわる犯罪は、その名もふさわしい処刑波止場で執り行われた。絞首刑にされた後、海の囚人たちはしっかりとした柱に繋がれて、引き潮の海に放置された。その後、満潮が3回繰り返されるまで、水夫たちへの恐怖の見せしめとしてそのままそこに置かれた。

　1534年、アリス・タンカーヴィルと仲間のジョン・ウルフはヘンリー八世の金を盗み有罪判決を受けた。彼らはテムズ川のロンドン塔前に干潮時に繋がれ、満潮になったときにその場で溺れ死んだ。

　罪人は、犯罪現場で首を吊られることもあった。自身も処刑執行人であったジョン・プライスの場合がその一例だ。1715年、彼は処刑人の仕事を失って借金を背負い、監獄に入れられた。彼は1718年に監獄を脱出し、あたりの田舎町をふらつきながら、パブに日参して酔っ払い、女性を襲ったりしていた。女性に乱暴をはたらくうち、腕を折ったり片目を飛び出させたりした。ジョンはバンヒル墓地のそばで首吊りにされた。

右：海賊はテムズ川の処刑波止場で絞首刑にされた。その遺体は見せしめのためその場に放置された。

タイバーンの観衆

　処刑執行人と囚人に加え、タイバーンでの３番目の重要な役どころは観衆だった。囚人がおびえきって荷馬車の床で震えるばかりだと、観衆は囚人をあざ笑った。逆に勇敢に立ち向かっていく囚人は、観衆から称賛された。観衆は思わぬ騒ぎを起こすこともあり、ひどい犯罪者だと見て取ると暴動騒ぎになることもあった。犯罪がことのほか酷いものだったときは、観衆はその犯罪者を自分たちの手で殺してしまおうと暴れ出し、200人の警備員が出動する騒ぎとなることもあった。

　処刑執行人ジョン・スリフトは、1736年のトマス・レイノルズの処刑にあたり、死亡と判断するのが早すぎたというミスを犯した。レイノルズは絶命したかのように見えたが、棺に入れられたとたんに体を起こした。スリフトはレイノルズにつかみかかると絞首台に戻して処刑を完結させようとしたが、観衆はこれに怒り絞首台に押し寄せ、レイノルズを救い出して、スリフトを攻撃した。一度の罪に２度の罰を与えるなという古くからの教訓によれば、観衆は正しかったことになる。レイノルズは、結局は首の傷により、すぐに死亡した。

　囚人は観衆に向けて最後のスピーチをすることもできた。これはあまり長いスピーチでない限りは、好意的に受け入れられた。1758年、ドクター・ヘネシーはまるで終わりのない一人芝居のようなスピーチをし、観衆をイライラさせた。ようやく、スピーチが少々長すぎると忠告されたときには、観衆は怒りまくって観覧席や刑場を見下ろす近所の家々の窓辺から去っていた。

　憎むべき地下犯罪組織の元締めジョナサン・ワイルドは、1725年、タイバーンに連れていかれる前夜にアヘン・チンキを多量に飲んで自殺をはかった。調合された状態で手に入り何にでも効くこの薬は、アルコールにアヘンを加えたものだ。この薬のせいで彼はほとんど意識がなく、何をされているのかまるで感じていなかったが、観衆は彼をひどく憎んでいたので、死んだ猫や犬や糞便を投げつけ、尖った石を投げつけて血を流させた。

　観衆はいつも死刑囚に悪意を抱くわけではなかった。15歳の少年がちょっとした盗みで絞首刑を言い渡され刑場行きの荷馬車に乗せられた。彼は恐怖のあまり動くこともできなかった。道中、彼の父親は泣きながら彼の頭を自分の膝の上に抱きかかえ、しんみりとした観衆の前を通り過ぎた。

右ページ：ジョナサン・ワイルドは民衆から嫌われていた。民衆が思う存分彼に向けて嫌悪を爆発させられるよう、御者はことのほかゆっくりと馬車をすすめた。

ニューゲート

　タイバーンで執り行われた最後の処刑は1783年11月、ジョン・オースティンという名のおいはぎの処刑だった。この頃のロンドンは華々しく発展し、近辺には高級住宅や高級別荘がどんどん建てられた。それらを所有する上流階級の人々は、家の近くで繰り広げられる絞首刑に、見物人が大挙してやってくるのを苦々しく思っていた。そこでニューゲート刑務所のすぐそばのオールド・ベイリー・ロードに新しい公認の処刑場ができた。ニューゲートの管理人は世間でも人気の職業になったが、その理由は処刑当日に供給される魅力的な食事によるところが大きかった（関係者に混ざって処刑見物に招待されるのは嬉しいことだった）。刑を受けた後、死刑囚が規定の時間吊るされている間に結構なビュッフェが用意され、ブランデーとともにチーズなどの冷たいつまみや焼いた腎臓肉などが提供された。旺盛な食欲を見せなければ「無作法」だと思われたに違いない。朝食を終えると関係者らは絞首台に戻り、遺体が降ろされるのを確認し、その後外科医の検視に立ち会うこともあった。

　死刑囚たちは、ニューゲートではより洗練された方法で処刑された。1783年12月には、10人の死刑囚が一度に最先端の絞首台にかけられた。

下：オールド・ベイリーの新しい絞首台は、囚人が落とし板の下に落ちてしまうと、その断末魔の苦しみは見物人の目に触れないようにできていた。

この最新式の絞首台は、高さ6フィート（1.8メートル）で、長さ10フィート（3メートル）幅6フィートの巨大な落とし戸がしつらえられており、その上に死刑囚らが立つようになっていた。ポンプのレバーのようなものを引くと落とし戸が下に開き、悪人たちは並行に2列に並んで落ち絶命する。横木には一度に20人の罪人を吊るせた。

上：19世紀のイングランドでは、ほとんどの国民が貧困に苦しんでいた。犯罪が横行し多くの死刑が執行された。資産家たちはこの事実に無関心だった。

圧死

　処刑を一目見たいという民衆の欲望は、時に悲劇を巻き起こした。1807年、ハガティとホロウェイは、罪のないラベンダー売りを殺害し死刑を言い渡された。彼らの悪名は知れ渡り、4万人もが悪党の最後を見届けようとニューゲートに押し寄せた。あまりの混雑で、押し合いへし合いするうち、人々の下敷きになって起き上がれない者が出た。小さな赤ちゃんが群衆の頭上を手から手へと渡され、奇跡的に助かったが、若い母親は押しつぶされて死亡した。他に27人の死亡者と70人以上の負傷者が出た。

上：ニューゲート刑務所の不気味な外観。囚人は生きて出られれば運がよかった。発疹チフスが蔓延し、囚人も看守も大量の死亡者を出した。

右ページ：絞首台にはたくさんのカラスが住みつき、ぶら下がった囚人の遺体を食べて丸々と太っていた。

ニューゲートの囚人生活は魅力的とは言い難かった。18世紀になるまで、囚人たちは小さな独房ではなく、大きな寮のようなところに押し込まれ、罪状によりグループ分けされた。満員状態の監獄に入れられると、あとは放っておかれた。少しの臭い肉とおいしくない薄い粥は供給されたが、それ以外にちゃんとした食料や、ベッド、布団、ろうそく、酒、などを手に入れるにはお金を払わなければならなかった。その代金はすべて看守の儲けになった。看守は公務員としての報酬はなく、どちらかというと囚人同士の取引のさやを取る権利を買ったという立場だった。性的虐待は常に起こり、女性たちは生きるために性を売らなければならなかった。

ニューゲートで絞首刑を受けるものは、タイバーンまでの悲惨な行進はしなくて済んだものの、「死刑台への道」として先立って処刑された囚人たちの遺体の上を歩かされた。死刑囚の独房と絞首台は、鳥かご通路と言われる地下道でつながっていたが、そこは処刑の済んだ囚人の遺体を一時的に置いておく場所でもあった。遺体は絞首台から降ろされると、服を脱がされて通路に投げ入れられ酸化カルシウムを振りかけられた。囚人たちは、自分もすぐにこの湿っぽく薄ら寒い地下道にもどってきて、死亡事実だけを壁に刻まれるのだとわかっていた。

処刑直前の死刑囚は看守たちの財源で、看守たちは一般の人に死刑囚を公開して、見物料を取った。当然のことながら、凶悪犯であればあるほど見物料は高かった。

進化するロングドロップ

　ショートドロップによる絞首刑では、見物人は囚人が顔をしかめ、もがき苦しみながらタイバーン・ジーグを踊り、ゆっくりと窒息していくのを見て楽しむ。苦痛にまみれた処刑を、ほとんど苦痛がないものに改良したのは思いがけない発明者だった。

　ウィリアム・マーウッドは1818年にリンカーンシャーで生まれ、靴の修理人になった。彼は壮年期にさしかかってから、もしかすると自分はいい処刑執行人になれるのではないかと思い立ち、リンカーン城の監獄の所長に直談判した。1872年、彼はこのときすでに54歳になっていたが、処刑執行人として採用された。彼の前任者、ウィリアム・カルクラフトは、ショートドロップによる絞首刑を好み、囚人を長時間苦しめる技で知られていた。そのカルクラフトもひとつだけ刑を短くする方法を導入した。――それはリストバンドつきの囚人用ベルトで、体の背面にくるところにリストバンドがついていて、処刑前に手際よく囚人の手を後ろ手にくくれるというものだった。

　マーウッドは囚人の体重によって適切な落下の長さを算出することで、簡単で効率的に脊椎を折り、意識がないまま瞬間的に囚人を絶命させることができるの

ではないかと考えた。落下が長すぎれば、頭が首からすっぽりと抜けてしまい、身の毛もよだつ血まみれのシーンを演じることになる。一方で落下が短すぎると、窒息するのに時間がかかる。マーウッドは砂袋と手作りの絞首台を使い、解剖学の知識を駆使して、囚人の年齢と体重とそれに対する適切なロープの長さの相関表を作り上げた。

左：ウィリアム・マーウッド（1820〜1883年）はロングドロップによる絞首刑を開発した。時間をかけて囚人を窒息させるのでなく、瞬時に首を折り絶命させることを目指していた。

上：マーウッドの処刑方法は世界中に広まった。これは1911年、3人のフィリピン人反乱者がアメリカ軍に絞首刑にされている様子である。

　ロープは通常6から10フィート（1.8から3メートル）で、囚人の体重を測り体格や年齢も考慮したうえで適切なロープの長さをはじき出すが、条件の範囲内であれば、ロープは長ければ長いほどいいというのがマーウッドの考えだった。

　もう1つの改良は、伝統的な首縄の結び目（もしくはアメリカ結びと呼ばれるもので、首輪の根元をしっかりしたロープでコイル状に巻き、首を素早く折るためにコイルの部分を頭部の左後ろに当てた）を金属製の輪に替えて、囚人が落下するや否やロープが締まり、一瞬で絶命させることを可能にした。

　マーウッドの処刑がすべて滞りなく執り行われたわけではない。マーク・フィドラーは1875年、ランカスター城で絞首刑にされたとき、あわやというところで頭部が切り落とされるところだった。問題は処刑前にフィドラーが自殺未遂をし、自らの首を掻き切ろうとしていたことだった。彼が落下すると、治りかけていた首の傷が破裂して血が噴き出し、死刑囚のフードのなかにはおびただしい量の血がたまり、絞首台は血で染まった。

　マーウッドに続く処刑執行人たちも、さらに絞首刑の技術を磨き、速やかで効率的な死刑という点で、世界中の先進国がイギリスの刑法に一目おくまでになった。

瞬間吊り

19世紀を通して、アメリカはある程度まで苦痛を軽減できる独自の絞首方法を発達させた。首縄のつけ根にロープをコイル状に巻いたアメリカ結びは、素早く苦痛のない絞首を可能にするために採用された。しっかりとしたマニラ麻のロープを、首縄のつけ根に13から15周コイル状に巻きつける。コイル状の部分を頭の左後ろにくるように当てると、囚人が落下するときに前に折れる仕組みで、首を折って一瞬で意識を失わせる。もうひとつの新しい技は、使用前のロープを熱湯で煮て伸びきらせておく方法だ。処刑時にロープが伸びると、囚人の体が弾んでしまうのだ。煮る以外に、イギリスを手本にしてロープに砂袋をぶらさげて伸ばしたりもした。コイル部分とロープに油を塗るか石鹸でこするかして、よく滑り、きつく締まるように工夫した。

囚人に長いフードをかけたのもまたアメリカの特徴だった。長いフードを頭から肩にかけると、囚人には処刑のレバーが引かれるのが見えず、見物人は囚人が窒息して苦しみもだえる顔を見なくて済むという利点があった。ロープがこすれて皮膚が焼けるのを避けるため、フードはロープの前に頭にかけられた。

アメリカ人は「瞬間吊り」と言われる独特の絞首方法も編み出した。これは複雑な機械仕掛けを駆使して、激しくも急激に囚人の首を引っ張る方法だ。これにはいくつかの違った方法があった。

1920年代のコネチカットでは、首縄は50フィート（15メートル）のロープに繋がれた。そのロープはいくつも連なる滑車と円筒のなかを通した後、先端に大きな重しをつけた仕掛けで、重しをつけた先端は隣室まで伸ばされて、そこで床上3フィート（90センチ）のところに設置され、ロープがしっかりと張るようにして歯止めをかけられた。処刑執行人が足でペダルを踏むと同時に重しが落ちてロープが急激に引かれ、一瞬で首を折った。

上：処刑用首縄。渦巻き状に硬く巻かれた結び目は、通常左耳の後ろで絞められた。囚人が落下するとロープが一直線になり結び目が頭部を前に押して首を折る。

この方法は成功間違いなしというわけではなかった。1887年のロクサラーナ・ドゥルーズの処刑を目撃したものにはその経験がひどいトラウマとなり、ひいてはニューヨーク州がより人道的な処刑方法を模索することとなり、1890年の電気

上：1865年7月7日、エイブ
ラハム・リンカーンの暗殺を
企て逮捕された4人が、ワシ
ントン訓練場で絞首刑にされ
た。25分間吊られた後に遺
体は降ろされた。

椅子の採用に繋がった。ドゥルーズ夫人は、娘のメリー・
ドゥルーズの手を借りて夫を殺害した。娘のほうは懲役を
科せられたにとどまったが、ロクサラーナは瞬間吊りの死
刑を宣告された。刑務所内では無作法で横柄な態度をとっ
ていた彼女だが、絞首刑の日が近づくと、緊張が高まり気
が狂ったようになった。彼女は泣きわめき手に負えないほ
ど暴れまわり、体格のいい2人の看守が組みついて絞首台に乗せると狂乱状態
になった。これは「瞬間吊り」ではあったが、明らかに瞬間的な死ではなかった。
大騒ぎのまま空中に飛び出したものの、彼女の首は折れなかった。足でけりつけ、
暴れ、喘ぎ苦しむ彼女が、ようやく静かになるまでに数分かかった。
　処刑に携わる者の感情を保護するためには、いくつかの方法があった。ある瞬
間吊りの絞首台は、囚人自身が自分で首を吊る仕掛けになっていた。囚人が処刑
台に上がると、その重みで鉛の砲弾や散弾が溝に沿って転がり落ち、囚人の体重
より鉛の弾のほうが重くなった時点で、首にかかったロープを引っ張るのだ。

最後の言葉あれこれ

　囚人のなかには、すっかりおびえきってしまい2人の体格のいい看守に運ばれ、支えられてやっとのこと絞首台に立つ者もいれば、最後までしっかりとし、機知にとんだ含蓄のある最後の言葉を残す者もいた。「この死をもって、酒の害を知らしめよう」とは、酒に酔って喧嘩をした末に相手を殺してしまったジョン・フリーマンの言葉だ。1908年に殺人罪の判決を受けたウィリアム・エルウッドは首縄をかけられながら、まっすぐに処刑執行人の目を見て「お前は無実の者を処刑しようとしている」と言った。そして縄が首にかかると「きつすぎるぞ」と文句を言った。1932年、4人の子供を持つ若い母親を残忍にも殺害した

エレミア・ハンベリーは最後のときに「みんなしっかりしろよ、迷惑かけたな」と言った。1953年オーストラリアのジョン・バラバン、別名アデレードの切り裂きジャックは、彼の魂のために祈りをささげる牧師に向かって「静かにしてくれないか?」と言った。

　たいていの囚人は自白する前に何カ月も否認する。「処刑執行人! 俺は有罪だ!」はある罪人の遅すぎた自白だ。またある者は最後の瞬間に「おれ、やったよ」と明るく言った。同時に処刑された2人の兄弟は、首縄がかけられたそのとき悟りを開いた。「弟よ、神に心をささげたか?」「はい、お兄さん」と弟は答え、その瞬間2人は最後の落下をした。

左:ネイサン・ヘイルはアメリカ独立戦争中、1776年に同胞イギリス人の手で処刑された。彼の最後の言葉は「祖国に捧げる命が1つしかないことだけが心残りだ」であった。

処刑は8秒で

　20世紀のイギリスの刑務所で、処刑の効率化はその頂点を極めた。死刑囚は処刑予定日の直前に独房に入れられた。死刑囚が処刑前に自殺を図らぬよう独房を監視するのは2人の看守だけだ。死刑囚が独房で自由にすごすあいだに、担当の処刑執行人がやってきて、ちらっと囚人の体格や年齢などを確認する。要するにロープの長さを決めるための下見だ。若くて筋骨隆々とした男であれば少し長めのロープが必要だし、年を取ってやせこけた女性の首は、かなり短いロープで事が足りる。囚人を恐れさせないため、ピアポイント（P134参照）のような経験豊かな処刑執行人は、視察しているのを囚人に気取られないよう心掛けた。

　まず落とし戸がセットされ、思いもよらない引っかかりなどがないか何度も開け閉めしてみる。次にロープが選ばれる。毎回新品のロープを使う処刑人執行人もいれば、使用され「いい具合に伸びている」ものを好む者もいた。最適な長さに整えられたロープが絞首台の上の横木に結びつけられ、囚人の体重やその他の条件を加味し、それに見合う量の砂を入れた袋を首縄に結びつけてロープを充分に伸ばす。また処刑装置がスムーズに働くことを確認するため、何回か落下の演習をする。ロープは充分伸びるように一晩かけたままにされ、夜間は、勝手に処刑器具一式をいじる者がいないように、処刑場の外に見張りが置かれた。

　翌日、処刑執行人は砂袋をロープからはずす前に、もう一度落とし戸の上までロープを引っ張り上げてみて、落とし戸とレバーの仕掛けを最後にもう一度確認する。ロープが一晩で伸びた分を短く直して、処刑執行の時間まで待つ。

　死刑囚のいる独房には2つの入り口があった。——むしろ1つの入り口と1つの出口と言うべきか。囚人たちは2つ目のドアから出て、戻ってくることは二度とないのだ。ドア越しに囚人の視察が行われた1つ目の入り口は、一般の囚人がいる場所につながっていたが、2つ目の出口は絞首台の真下の短い通路に向かっていた。絞首台への道はごく短かった。

　処刑当日の朝、看守は合図を受けると、規定通り囚人を2つ目のドアに背を向ける位置に着け、処刑執行人とその助手が独房に入場し囚人の背中に回って両手を後ろ手に縛る。そして優しい言葉をかけながら、願わくば、動揺してはいるがおとなしく言うことをきく囚人を独房から連れ出す。そのまま短い通路を上り、首縄の待つ絞首台へ出る。ロープを定位置に押さえるために小さな紐でくくってあるが、処刑執行人がこの紐を外し、囚人の首に首縄を巻き、助手は跪いて囚

人の足首を縛り、さらに処刑執行人はポケットからフードを取り出して死刑囚の頭に被せる。落とし戸の上に囚人以外いないことを確認し、処刑執行人はレバーをしっかりとつかんで引く。死刑囚の乗った蝶番式の落とし板は落ち、囚人を死の落下に送り出す。

　全行程はたったの8秒で済んだ。処刑執行人たちは囚人の手足を縛ってから首を吊るまでを、鐘の音8つのうちに済ませようとした。刑が執行された後、遺体は掛けられたまま60分間そこに放置された。

フィンチリー託児所経営者事件

　フィンチリー託児所経営者事件は、処刑執行のプロたちが、扱う囚人それぞれの状況や感情に合わせて対処できるという、その後のイングランドの処刑の現場を映し出すよい例となっている。

　アメリア・サックスは29歳の看護婦で、54歳のアニー・ウォルターズとともに小さな産院を経営していた。その産院には未婚の若い女性が出産のためにやってきた。2人はこうして婚姻外で生まれた赤ん坊を一時的に預かって、里親を探す「託児所」も併せて運営していた。しかし、養子受け入れ先に対して赤ん坊の数は圧倒的に多く、サックスとウォルターは余った赤ん坊を処分する方法を考えた。モルヒネを大量に与えて殺したり、窒息死させたりすることもあった。疑いをもった警察が施設を捜査すると、300着の赤ん坊の衣服がみつかった。2人は逮捕され1903年、殺人罪により死刑を宣告された。2人は懺悔の言葉も述べなければ、自白もしなかった。

　処刑執行人、ウィリアム・ビリントンがジョン・ビリントンとヘンリー・ピアポイントを助手にして絞首刑を執り行った。サックスはパニック状態になりそうなのを必死に押さえている様子だった。ひどい体験から頬はこけ、泣き続けて、髪も乱れたままだった。ウォルターのほうは正反対だった。彼女の顔には恐れのひとかけらも見られず、元気でよくしゃべった。

　2人の女死刑囚の体重を測り、処刑執行人は2人分のロープの長さを測った。サックスはひどく取り乱し絶望していたが、ウォルターは完璧に落ち着いた様子で両手を縛らせると、一言の文句も言わずしっかりと絞首台まで歩いた。ウォルターが「さようなら、サックス」と言ったその瞬間ウィリアム・ビリントンはレバーを引き、託児所経営者たちを死に送り出した。

左ページ：フィンチリー託児所経営者事件を描いたフランスの絵画。正確でないところはあるものの、2人同時に行われる絞首刑への心理的な衝撃をよく表している。

（悪）名高い処刑執行人

　多くの処刑執行人には、その任務が精神的負担になり、アルコール依存や鬱病になったり、自殺したりするものすらいた。処刑執行という職業を心から楽しみ「仕事」にまつわる恐ろしい話を人に聞かせて金をとり小遣い稼ぎする者もいた。またある者は、いわゆる精神異常者的な傾向をみせた。

レディー・ベティー、あるいはジル・オケッチ

　他に例を見ない処刑執行人はレディー・ベティーだ。彼女は1780年から1807年まで、アイルランドのロスコモンで処刑執行人を務めたが、女性であることが珍しかっただけでなく、その残虐性は尋常ではなかった。彼女はがっしりとして太ってはいたが、きちんとした教育を受けた人物だった。また、不愉快になるような外見ではなかったが、気性が激しく、処刑の仕事には悪魔的な喜びを感じていた。

　そもそも彼女は息子の貯金を奪おうと実の息子を殺害した罪で有罪判決を受けた。他の軽犯罪者たちとともに判決を受けた彼女の刑罰は死刑だった。ところがそのころ、当局はちょうど他のことにかかりきりで、処刑執行人の手が回らなかった。そこで彼女は赦免を受け、代わりに住み込みで拷問と処刑を執り行うことになったのだった。

ジャック・ケッチ

　1663年、ジョン・ケッチはイングランド、タイバーンの公認処刑執行人になった。ジャック・ケッチとして知られる彼の名は、処刑執行人の代名詞になっている。血に飢え残忍で、しかも無能なジャックは、ロンドン市民から軽蔑される存在だった。しかしながら長くこの仕事を続けたということにおいて彼は秀でていた。——彼は処刑執行人を20年間続けた。現役時代一度、役人と口論になって首になり、もと肉屋だった彼の助手が仕事を引き継いだことがあった。数年後にこの後任者が盗みで捕まり、ケッチが復職して彼をタイバーンで処刑するという小気味のいい経験をした。

　自身を「郷士ケッチ」と名のり、自分の敬称を「ドクター・ジョン・ケッチ」とし、ハイドパーク近くにあるタイバーン・ツリーにサインした。ある時期ケッチは借金で監獄に入れられていたが、のちに

右：ジャック・ケッチは、「パンチとジュディー」の人形劇のなかに生きている。恐ろしげな男が登場し、パンチを首縄におびき寄せようとする。男はいつも騙されて、最後には自分の首に首縄をかけることになる。

絞首刑、手足切断、遺体を熱湯で茹でるなどの仕事を続けることを許されるようになった。ニューゲート刑務所の囚人ジョン・エルウッドは収監されている間に「ジャック・ケッチの台所」を目にするという忌まわしい機会に恵まれた。

1683年、ケッチは、ラッセル卿ウィリアム・ラッセルの処刑にあたり、手際よく済ませるようにと言うラッセル卿から10ギニーを受け取った。ところがケッチは仕事をしくじり、彼の首を落とすのに4回も斧を振るはめになった。ケッチは受け取った金はしまい込み、ラッセル卿が頭を動かしたからだと文句を言った。彼はまた1685年のモンマス公爵の処刑でもヘマをした。公爵を絶命させるために何度も斧を振り回し、あげくの果てには座り込んでナイフを使って公爵の頭を切り落とすという醜態を演じた。観衆はこの手際の悪い仕事に激怒し、ケッチは無事に刑場から退出するために軍の誘導を受けなければならなかった。しかしケッチはちょっとしたユーモアのセンスも持ち合わせていた。エドワード・コールマンという死刑囚が刑場行きのそりの上から「裏切り者病にはうんざりだ」と言うと、ケッチは片手に斧、もう一方にロープを持ち「その病気にはこれが効きますよ」と返したという。

アルバート・ピアポイント

アルバート・ピアポイントは1905年イングランドのブラッドフォードで生まれ処刑執行人の長官の家庭で育った。アルバートの父ヘンリー・ピアポイント（処刑執行長官1901〜1910年）が亡くなると、アルバートは父の書類を全部引き継ぎ熱心に勉強した。彼は1932年、処刑執行補佐官となり、その後1941年に処刑執行長官の座について1956年まで勤めあげた。

アルバートの処刑執行長官としての初めての仕事は1935年10月に命じられた、犯罪組織の一味アントニオ・マンチーニの処刑だった。初めての仕事で失敗してはいけないと、徹底

左：トマス・ピアポイントと従弟のアルバート。この処刑のプロたちは間違いなく歴史上もっとも有能な処刑執行人であった。

的に下準備をした。ロンドンのオールド・ケント・ロードにあるジョン・エジントン・アンド・サンズから新品のロープを調達し、併せて以前に使われたことのあるロープも試してみた。独房の覗き穴からマンチーニを詳細に観察し、この悪党がエネルギーにあふれ、筋骨たくましい男であることを確認した。この観察に基づいて、アルバートはロープをあと数インチ伸ばすことにし、6フィート9インチ（2.06メートル）と決めた。彼の助手は比較的経験が浅かったので、2人は最後の段取りを何度も練習し、すべてがスムーズに運ぶように努めた。落とし板の上にチョークで書かれた「T」の文字はマンチーニの立ち位置を表し、処刑執行レバーを留めているピンができるだけスムーズに抜けるようにして、処刑を素早く済ませるようにした。午前8

> ## ヘルプ ザ プアー ストラグラー
> ### （貧乏人の憩いの場）
>
> 　アルバート・ピアポイントは処刑のレバーを引くばかりではなかった。彼はパブでビールのレバーも引いていた。そのパブの名は「ヘルプ ザ プアー ストラグラー」（「貧乏人の憩いの場」の意味）だった。商売はうまくいっており、人々を死に送り出してきたその手でエールビールを注いでもらおうと、団体旅行客がバスを連ねてやってきた。アルバートは彼の「公務」については語らないことに決めていたのだが…。

時、アルバートは独房に入り準備の済んでいる死刑囚を縛り、落とし板の上に立たせ、フードを被せて処刑レバーを引いた。――全行程を30秒以内で行った。

　ティモシー・ジョン・エヴァンスは妻のベリルと娘のジェラルディン殺害のかどで死刑宣告を受けた（これは後日冤罪であったことが判明した）。アルバートは新しい助手を感心させようと、控室で葉巻に火をつけ数回吸うと灰皿に置いた。そして2人は絞首台に行き、仕事をし、もう一度控室に戻ると、アルバートはさっきの葉巻をつまみ上げもう一服した。

　1941年、第2次世界大戦中、ピアポイントは、パラシュートでイングランドに入国し、数時間後に逮捕されたドイツ人スパイ、カレル・リヒャルト・リヒテルの処刑を命ぜられた。リヒテルはおとなしく殺されてなるものかと心に決めていた。スデーテン出身のドイツ人は背が高く、雄牛のような首をした男だった。処刑チームが彼の独房に入場したとき、彼はドアを蹴破って脱走しようとした。これに失敗すると、今度は頭から石壁に飛び込み、激しい痙攣をおこした。看守はアルバートを助け、リヒテルの手首に新品の皮の手枷をかけようとしたが、死に物狂いの男は手首をねじりベルトの穴を引きちぎって皮の手枷を外してしまった。処刑執行人はリヒテルの背中に飛び乗り、不運のスパイを絞首台に引っ張ってい

戦後アルバートはその真価を認められ、ナチスドイツの戦犯の処刑を任された。
ヨーゼフ・クラーマー、イルマ・グレーゼ、ユアーナ・ボルマン、エリザベト・
フォルケンラトらは、有能なイギリス人処刑人の手により処刑された強制収容
所の職員である。

く前にどうにかもう一度手首をしばった。絞首台では彼は大きく足を広げ、看守
はその足をつかんで閉じさせなければならなかった。4人の看守がやっとのこと
で彼の足をつかみ、両足をそろえて足首を縛った。このドイツ人はそれでもあき
らめず、頭を左右に激しく振って首縄がはずれそうになった。しかし首縄は外れ
ることなく、18分後にようやく刑は完了した。

　アルバートは執行した処刑について死刑囚の犯罪の内容、絞首台へ向かうとき
の態度、その他印象に残ったことをすべて詳細にしるし、記念として残していた。
リヒテルがもう少しのところで無理やり切ってはずしてしまいそうになった手枷
はとっておきの記念品だった。公的な記録ではないものの、アルバートはいつも
それを持ち歩き、特別な機会には記録を参考にした。自分のしてきた処刑を確認
し一種気味の悪い満足感を得ていたのだろう。

　戦後アルバートはその真価を認められ、ナチスドイツの戦犯の処刑を任された。
ヨーゼフ・クラーマー、イルマ・グレーゼ、ユアーナ・ボルマン、エリザベト・
フォルケンラトらは、有能なイギリス人処刑人の手により処刑された強制収容所
の職員である。これらに加えて他9人が第1
回目の処刑で、1日で執行された。全員が
ハーメルン刑務所の長い廊下に収容された。
廊下の行き止まりには2台の絞首台がありア
ルバートはこれを死の使命に用いた。通常
女性の方が神経が繊細だということで、3
人の女性を先に一人ひとり処刑することに

左：イルマ・グレーゼはベルゲン・ベルゼ
ン強制収容所の最も冷酷な看守の1人だ
った。長官のヨーゼフ・クラーマーの隣
に立つグレーゼ。ピアポイントはこの2
人を処刑した。

し、彼女たちが落とし板が落ちる音を何度も聞かなくて済むように考慮した。

　ピアポイントは彼の処刑人生において、435人の処刑の執行という堂々たる記録を残し、イギリス内務省より、英国市場最も有能な処刑執行人であると認められた。

ジョン・C・ウッズ

　ニュールンベルク裁判で、10人の最も悪名高いナチスの指揮官たちの処刑執行人に任命された男は無能で、そのつたない技術で受刑者たちに長く苦しい死までの時間をもたらした。

　ジョン・C・ウッズ軍曹は1930年、劣等コンプレックスという一種の精神病であるとの診断を受け、軍の業務には不適格とされて海軍から除名された。戦時の陸軍は入隊規制がそう厳しくなく、1943年に彼は陸軍に入隊し、もう一度軍の一員となった。おそらく前線を避けるために、ウッズはテキサスとオクラホマで絞首刑の助手をしたことがあると嘘の申告をした。アメリカ軍は処刑執行

下：ニュールンベルク裁判の被告席に並ぶ被告たち。前列奥はヘルマン・ゲーリング、その手前はルドルフ・ヘスである。

人を必死で探しているところだったので、彼の資格書をしっかり見ることもなかった。戦後になって彼はその分野の経験など何もなかったことが判明した。

彼は、軍の絞首刑執行長官となり、1944年から1945年にかけて、少なくとも34人のアメリカ兵を処刑した。彼の処刑は手際が悪いため苦しく、哀れな最期を遂げさせるという悪評がたった。彼は体重とロープの長さの相関表を使わずに、旧式の落下式絞首刑で通した。

当局は処刑執行人が無能だと気づいていた可能性がある。ただ、ナチスの幹部たちが長い時間をかけて悲惨に死んでいくことをよしとし、取り立てて騒ぐことも無いと判断したのだろう。彼らは実際苦しんだ。1946年10月16日にニュールンベルクで執行されたナチスの処刑で使われたロープはほとんどが短かすぎた。目撃者の証言によれば、ほとんどの受刑者がゆっくりと窒息しながら長い時間もがき苦しみ、最も時間のかかったものは絶命するのに26分もかかった。運がよかった受刑者は4分ほどで窒息した。

ウッズの建てた絞首台も使用に耐えるものではなかった。彼の絞首台は2人ずつ一度に処刑することはできたものの、落とし板は小さすぎ、多くの受刑者が落下の際に落下口のへりに頭をぶつけた。処刑後のナチスの写真には鼻を折って血を流すさまや、ほほの傷、目の周りの痣などが写っている。証拠の写真は、ビルヘルム・フリックが最も悲惨な最期を遂げた者の1人であることを示している。彼の顔は死んだ後ですらも苦痛でゆがんだままで、体中をおおう血は明らかに絞首台から落下するときに顔に受けたいくつかの傷からのものだ。

ウッズはとうとう自分の不始末への報いを受けた。第7工兵旅団とともにマーシャル諸島で任務に就き、何かの修理工事をしている際に感電死してしまったのだ。

上：ヒトラー、ゲッベルス、ヒムラー、ゲーリングは、絞首刑の前に青酸を飲んで処刑されるのを避けた。ゲーリングは、ウッズの手により絞首刑にされる直前に自殺した。

左ページ：首縄をチェックするジョン・C・ウッズ。多くのナチス受刑者がアメリカ人処刑執行人の手により、長く苦しい刑を受けた。

ソロモン・ブレイ

　オーストラリアで最も長く処刑執行人を続けたソロモン・ブレイは、ユダヤ人の祖先を持つ。彼は偽造罪の罪で、1836年ヴァン・ディーメンズ・ランド（現タスマニア）へ14年の島流しの刑を言い渡された。植民地社会で、拷問人より身分が低いのは処刑執行人だけだった。それにもかかわらずブレイは敢えて志願し、おそらくは世界記録であろう、1840年から1891年の51年間を処刑執行人として生きた。ブレイは酒飲みで、酒に酔っているときに住居侵入罪を犯して収監された。だがこの事実が彼の処刑の仕事を妨げることはなく、必要とあらばいつでも刑務所からタスマニア中の絞首台に連れていかれた。釈放されてからも妻とともに商う店の収入の足しにするため処刑執行人を続けた。ブレイが長い処刑人生活のなかで失敗した処刑はただの一度で、少なくとも全部で205人の処刑を執り行った。

悲惨な絞首刑

　絞首刑の長い歴史を振り返ると、たくさんの不手際の逸話が残っている。この章を閉めるにあたりここに集めた例は、そのなかでもとりわけ酷いものだ。1760年5月、落とし板式の絞首刑の前身がイングランドのタイバーンで試験的に行われた。王国の貴族である第4代フェラーズ伯爵は、この技術の最初の受刑者だった。彼の地位を考慮し、伯爵は白いサテンの衣装を身に着け、近衛兵や役人、

マーチングバンドなどを従えて自身は6頭立ての馬車に乗って刑場へと向かった。行列はそれだけではない。彼の後ろに続くのは、悲しみに暮れる友人たちを乗せた霊柩車と近衛兵がもう一隊続いた。伯爵はこの演出にご満悦で民衆に手を振り、煙草をかんだ。絞首台に立つと床は黒いもので覆われた3フィート（90センチ）四方の箱で、上部には撥ね蓋がついていて、簡単な落下装置になっていた。レバーを引いて伯爵の足元の床を落とす仕掛けだ。準備が進んでいく間、伯爵は慣習にのっとり5ギ

左：第4代フェラーズ伯爵ローレンスは、高身長ゆえに苦しい目にあった。彼には絞首台が低すぎ、窒息するまでに苦しく長い時間がかかった。

ニーを処刑執行人に渡したが、間違えて執行長のターリス
ではなく助手のほうに渡してしまったことで、2人の間に
小競り合いがおこり、ひいては殴り合いになってしまった。
彼らはようやく本来の仕事に戻ると、伯爵の両手を黒いサ

ッシュで縛り、白いフードを頭に被せた。「これでいいのか？」が伯爵の最後の
言葉だった。よくなかった。ロープは長すぎて、彼のつま先は床についてしまっ
た。意識があるまま苦痛に耐えかね、伯爵がフードを剥ごうともがいたところを、
慌てたターリスと助手が伯爵に飛びついて足をひっぱり、4分ほどそうしている
とようやく刑は終了した。

　1814年、ニューゲートで1件の処刑に異常事態が発生した。おいはぎ犯のジョ
ン・アシュトンがあわやというところで、首縄から逃れそうになったのだ。他の
4人とともに絞首台に立ったアシュトンは「俺様はウェリントン公爵だ、俺様は
ウェリントン公爵だ」と大声で歌い、浮かれ騒ぎ出すと観衆の注目を1人で集め
た。実際のウェリントン公爵は、巧みな戦術を練る天才だったが、公爵がこのと
きのアシュトンの真似ができたかというと、そうは思えない。床板が落とされ、
5人の罪人が落下するやいなや、アシュトンは跳ね返ってもとの台の上に立った
のだ。フードをかけ首縄をつけたまま彼は関係者たちのほうに進み出て、真剣な

上：ブラック・ジャック・ケッチャムは悪名高い犯罪者で1904年に処刑された。彼の体の一部は保存され記念品になっている。

調子で非難した。その後絞首台に押し戻されて、処刑はやり直された。

1827年のチャールズ・ホワイトの処刑は、ニューゲート刑務所で見物人に目撃されたもっとも恐ろしい処刑で、これがきっかけとなって公開処刑を禁ずるべきか否かの論争が起こった。ホワイトは保険金目当てで、自分の経営する書店に火をつけた。ロンドンのような建物が立て込んだ大都会において、放火は危険な大罪と扱われた。彼は絞首刑を受ける前に、何とか刑を逃れようと試みたが失敗した。絞首台の上でホワイトは手首に手枷をはめさせるのを拒み、フードを破って脱いだ。落下させられてもどういうわけか片足を台の上に引っ掛けて、手枷をはずし、窒息しかけていたが首縄をはずそうとした。処刑執行人フォクセンはホワイトの足にしがみついて引っ張り、ようやく仕事を成し遂げた。

「お手並み拝見と行こうじゃないか！」が「ブラック・ジャック」ケッチャムが1901年ニューメキシコ、クレイトンの絞首刑台に立ったときに最後に言った言葉だ。問題は、ジャックが処刑の順番を待つ間にかなり体重を増やしていたことだった。ロープの長さを計算した役人は、これを考慮していなかった。ケッチャムが落とし板の間に落ちると、彼の頭は胴体からもぎ取れてしまった。彼の体は数

秒間血を噴き上げながら立ち続けたあと、見物人たちの前で倒れた。

　ジェームス・マーフィーの処刑執行人は、1906年オハイオでこの殺人犯を絞首刑にかけるときに、新しい方法を試してみることにした。処刑前にロープを伸ばすために、砂袋を使う代わりに、釘を使ってみたのだ。この方法ではロープを伸ばしすぎてしまい、マーフィーが落下して死に神に会うその前にロープが切れ、彼が出会ったのは死に神ならぬ絞首台の硬い床だった。強く打って気絶した後すぐ目を覚まし、「なんで死んでないんだ？　死んでないじゃないか！」とうめいた。すぐに新しいロープが用意され、問題は解決した。

　1930年のエヴァ・デュガンの処刑は、アメリカではウィリアム・マーウッドの、体重とロープの長さの相関表は採用されていなかったことを表している。エヴァは彼女の雇い主を殺害し、死刑を言い渡された。彼女を担当した処刑人は「長すぎるロープ」を使用し、しかも彼女の筋肉の弱った首を考慮しなかった。彼女の胴体が地面に落ちたとき、彼女の頭は見失われた。頭は数フィート先まで飛んでいき、頭部を失った体は数分もの間、血しぶきを上げ続けた。この一件のあとアリゾナは「人道的な」ガス室を処刑に採用することとなった。

2人まとめて絞首刑

　刑務所によっては、そして特にニュールンベルク裁判によりナチスの戦犯を処刑していたころには、一度に2人の絞首刑が行われたが、滞りなく執り行うにはよく訓練されたチームが必須だった。まず少なくとも2人の受刑者の独房が隣り合っていなければならず、それに2人の助手が必要だった。処刑執行人はいつも通りの手順を踏むが、いつもと違うのは助手が囚人の足を縛り、フードを被せ首縄の調節をすることだ。6秒から10秒後、今度は処刑執行人と2番目の助手が2人目の受刑者を連れてきて、もう一度同じことを繰り返す。唯一状況が違うのは、2人目の受刑者は、最初に連れてこられた受刑者がフードを被せられ、括られて、準備万端なところを目にすることだ。2人目のほうが数秒生きながらえるが、最終的に2人ともあの世に行くことを考えれば、大した差ではないだろう。

マダム・ギロチン

　ギロチンは、フランス国民議会の議員であったジョセフ・イニャス・ギヨタンが、すべての死刑囚に素早く効率的な処刑をとの思いで1789年に考案した、単純な仕掛けの処刑装置だ。当初、斬首刑は貴族のみに行われていたが、画期的で完成度の高いギロチンの登場で、社会的階級にかかわらず、すべての死刑囚に斬首刑を執行できるようになった。

首をはねる

　ギロチンの原型と言える斬首装置はドクター・アントワーヌ・ルイによって開発され、ルイゾンまたはルイゼットと呼ばれていた。最初それは羊やヤギなどの動物で試され、次に女性や子供の遺体で実験された。成人男性の首は間違いなくもっと頑丈なので、刃の形を三日月型から刃先を斜めに切った三角形に変え、重さも加えることになった。

左：ギロチンが登場する前には、同じ原理の処刑装置がいくつかあった。これは16世紀半ばの処刑装置ルイゼット。刃が斧型なのが特徴だ。

　初めてマダム・ギロチンのキスを受けたのはニコラス・ジャック・ペルティエで、それは1792年6月のことだった。窃盗と殺人罪で告発された彼は、新しい処刑装置ができあがるまで死刑は延期という、なんとも心もとない恩恵を享受していた。赤く塗られた処刑装置がオテル・ド・ヴィル（パリ市庁舎）の前に組み立てられると、人々が集まってきた。しかしながら、処刑執行人サンソンが操作する新型装置があまりにも効率のいい仕事をするため、観衆はたいそう拍子抜けした。彼らは「昔の処刑台にもどせ」と大声で繰り返した。だがその後、みるみるうちに処刑の頻度は増し、3人の兵士が処刑され、すぐに続いて3人の偽造犯が処刑されるといったように、見応えがでてきた。初めて政治犯が処刑されたのは7月21日、処刑されたのは国民衛兵の指揮官だった。——この後続くことになる大量処刑の第1号だ。

　ギロチンはすんなりと社会に受け入れられ、「愛国の処刑師」「国民の仇討人」「国家のカミソリ」などと呼ばれて親しまれた。

死とのランデブー

　ギロチンは身体的な見地からは人道的な斬首装置であったが、心理的ショックの軽減について、フランス人はほとんど何も考えていなかった。事実、他国と違い20世紀に入ってもフランスの死刑囚は、処刑執行日を教えてもらえなかったのだ。独房に近づいてくる足音が、差し迫る死を意味するのか、それとも朝食が運ばれてくるだけなのかわからない囚人の苦しみを想像してほしい！

左ページ：支柱と刃でできたルイゼット。跳ね板（訳注：囚人を横たわらせる台）と三日月（訳注：囚人の首を押さえる装置）はない。

下：カルーゼル広場。死刑囚はパリ市内をパレードさせられた後ここに連れてこられた。

ハリファックスの断頭台

　ギロチンに先駆けて斬首に使われたのがハリファックス断頭台だ。イングランド、ウエスト・ヨークシャーのハリファックスで1260年から1650年まで稼働していたこの処刑台で少なくとも100人の処刑が行われた。ハリファックスの堅実な市民は「汝殺すなかれ」の戒律を心に記していたに違いない。彼らはひとりの人間が死刑囚の運命を負ってしまわぬよう、いくつか素晴らしい方法を考え出していた。その1つが、重りのついた刃を落下させるためのロープを地域の男たちみんなで引く方法だった。全員でロープを掴み、合図に従って一斉に引っ張る——固い絆を感じる経験だったに違いない。

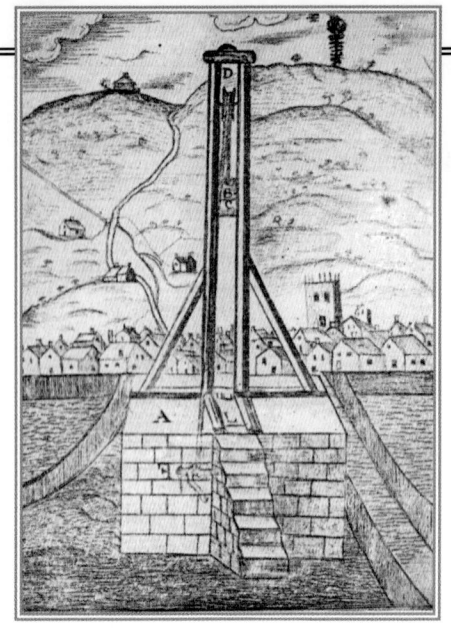

上：ハリファックス断頭台は常設の処刑台だ。家畜泥棒の処刑は、刃を落下させるための引綱を動物に引かせた。

上：ジョセフ・イニャス・ギヨタンは死刑にギロチンの使用を奨励した。

　ギロチンにかけられるのを待つ間に、処刑の邪魔になるようなゆったりした襟や長い髪は、首が出るように切り取られた。サンソンは死刑囚を並ばせるとき、断頭台のほうに向かないように常に気をつけて、死刑囚の恐怖心をあおらないようにした。

　いよいよその時がくると、死刑囚は両手を体の後ろで縛られ断頭台の階段を引っ張り上げられた。囚人は蝶番のついた跳ね板の上に革のベルトでしっかりと固定される。しっかりと収まったところで跳ね板は水平に倒され、囚人の頭が6インチ（15センチ）ほどの太さの2本の柱の間にくるよう、前方に押し出される。この2本の柱の間を三角形の深さ6インチ（15センチ）の刃が滑り落ちる仕掛けだ。囚人の頭を台上の正しい位置に収め、その形が三日月に似ているため三日月と呼ばれる金属製のバンドで、囚人の息が詰まるほどしっかりと固

定する──いわゆる「貝がのどに詰まる」と言い表される必死に息をしようとするときの音を引き起こす。検死の際に三日月で抑えつけた頭蓋骨が欠けているのが見つかることもあった。

処刑執行人が引綱をぐっと引いて刃を落とすと、65ポンド（30キロ）の刃は頭部をすっぱりと切り落とし、切断された頭部は下に用意された籠にどさりと落ちる。胴体はギロチンの横に用意した枝細工の籠に助手の手で移される。頭部は観衆に向かって高々と掲げられ、大喝采を受けた後、体と一緒の籠に入れられて埋葬するために持ち出される。

革命の擁護者

パリにおける「革命的正義」の処刑執行官シャルル・アンリ・サンソンは、革命擁護者として自分の役割を光栄に感じていた。彼と助手たちは、処刑をできる限り効率よく人道的に行うよう努力していた。

彼は、13分で12人、42分で20人、3日で300人、そして6週間で1,300人の処刑を執行した記録を持つ。死刑囚を1人ずつ呼び出し、縛り、ギロチンの階段を上らせるという手順を踏んだうえでこのスピードで処刑を執行したとなると、サンソンは確かに処刑の名人だったに違いない。

サンソン一家はギロチンの冷血なまでの機能性に心を揺さぶられた。シャルル・アンリの2人の息子、アンリとガブリエルは、父の跡を継ごうと父の助手になり処刑執行人の仕事を学んだ。ガブリエルのキャリアは1792年に短くして終わりをとげた。父が斬首した死刑囚の頭を掲げながら、血が広がって滑りやすくなっていた壇上から地面に落ちてしまい首の骨を折ったのだ。

ギロチンのように精巧な装置を使った処刑は失敗などありそうもないが、シャルル・アンリの孫アンリ・クレマンは例外もあることを立証した。1836年、

上：アンリ・サンソンは革命裁判の権化だ。彼は当初ギロチンの使用に懐疑的であったが、その後ギロチン操作の達人となった。サンソンはルイ十五世の処刑を行った。

マダム・タッソー

サンソンは処刑の他にも功績を残した。彼はロンドンのマダム・タッソー蝋人形館の開館に一役買ったのだ。フィリップ・クルティウスは人間の臓器や手足などの蝋模型を医科大学に提供するスイスの業者だった。彼は事業を拡大し、パリでフランス王室の有名人やパリの名士などの蝋人形と、拷問や処刑の道具などの展示会を開催した。彼はサンソンとすぐさまビジネスで手を組み、処刑された貴族たちの遺体を墓地に運ぶ前に借り出すことにした。クルティウスの才能ある姪っ子マリーが蝋細工や彫刻で、借り出した遺体の正確な複写を作った。マリーはサンソンと連れ立って墓地に出向き、遺体が乾燥してしまわないうちに手早くデスマスクを取ることもあった。

マリーはまず最初に、型をとる石膏がくっついてしまわないように遺体の顔にオイルを塗った。そしてできたマスクを型からはずすと色と細かなニュアンスをつけた。革命政府はクルティウスとマリーの技術を認め、2人にルイ十六世とマリー・アントワネットのデスマスクの作成を委託した。

かれらが革命的正義にのっとって開催した展示会では、ロベスピエールやサン＝ジュストのような有名人の頭を、その身にふさわしく槍や銃剣に突き刺して展示した。展示会用にルイが処刑された断頭台まで仕入れたが、断頭台はその後火事で焼失してしまった。クルティウスが死亡した後、マリーはフランソワ・タッソーと結婚し作品を抱えてイングランドに移住した。そしてロンドンにマダム・タッソー蝋人形館を設立した。

下：マリー・タッソーは恐怖政治時代、斬首後の頭の型をとることで興行事業に成功した。現在、ロンドンのマダム・タッソー蝋人形館に展示されている作品の多くはこの時代のものである。

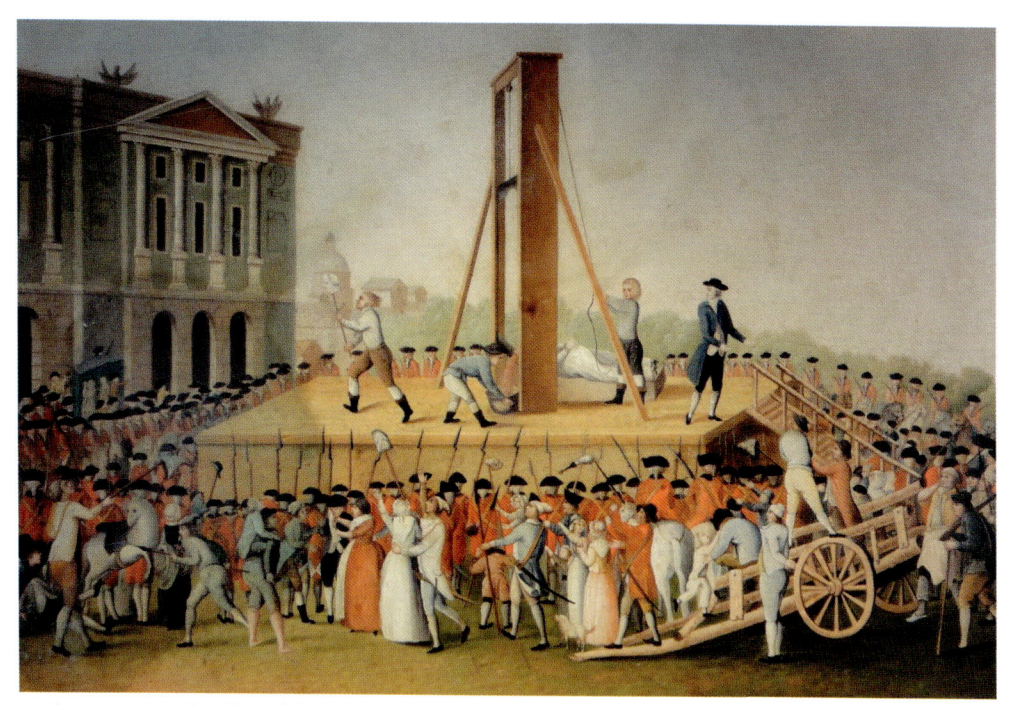

ルイ・フィリップ一世の暗殺を企て、実際は王ではなく18人の見物人を殺害した殺人犯らの処刑をアンリ・クレマンが指揮した。1人の気の毒な暗殺者は、断頭台の跳ね板の上に引っ張り上げられ、三日月で首を留められたその瞬間に刃が落下する音を聞いた。刃は彼の首を外れてわきに落ちた。刑はそこで中断

上：1793年10月6日、マリー・アントワネットの処刑。革命時代のギロチンはほとんどが真っ赤に塗られていた。

されることなく、同じ手順がもう1度繰り返され、2回目そして3回目も失敗した！4回も繰り返されるうちに死刑囚は落下する刃のほうに顔を向けてしまった。そのときの彼の表情は恐怖というよりも何かに驚いたようだったと記録されている。

　アンリ・クレマンの失敗はこれだけではなかった。酒とギャンブルに溺れるようになってしまい、暮らし向きはどんどん悪くなり、ついに借金のためにギロチンを質に入れてしまった。パリ市当局は仕方なく4,000フランで買いもどし、刑は執行されたが、サンソン家に処刑の依頼がかかったのはこれが最後となった。

　ギロチンのように精巧な装置を使った処刑は失敗などありそうもないが、シャルル・アンリの孫アンリ・クレマンは例外もあることを立証した。

血に飢えた暴君

　マクシミリアン・マリー・ロベスピエールは歴史に残る極悪人の1人に間違いない。最初のうちは、清廉潔白なフランス革命支持者と捉えられていたが、血に飢えた暴君と化した彼は、クーデターで社会が混乱するなか権力の座から引きずり降ろされ、世にも恐ろしい処刑を受けた。

　痩せて小柄な彼は、顔色が悪くトカゲのような容貌をしていた。彼には、現代ならばアスペルガー症候群と診断されるような特徴があった。他人と視線を合わせられず、生活習慣を厳しく守り、徹底した完ぺき主義で、他人と感情でつながることができなかった。人間としての喜びを求めることには一切興味がないかのようだった。「清廉潔白なロベスピエール」と呼ばれていたが「精神病のロベスピエール」と呼んだ方が正しかったのだろう。

　彼は自意識過剰で、いつもイライラしていた。神経質に顔面を痙攣させ、爪を噛む癖があり、過剰に身だしなみを整える彼は、友達付き合いや恋愛を避けていた。学校や大学では好成績を収めることに没頭し、クラスメートにもそれを公言してはばからなかった。笑うことはほとんどなく、レースの袖飾りや靴の留め金などにもお金をかけず、髪をきっちりとカールして顔には白粉をはたいていた。彼は毎日早起きし、パンや牛乳そしておそらく水で割ったワインなどの食事をとるとき以外は1日中働いた。パリに引っ越すと、彼は急速に革命政府に傾倒していき、そこで権力も得た。ジャコバン派の中心人物であり、1793年からは公安委員会も主導した彼は、ルイ・アントワーヌ・サン＝ジュストやフランソワ・アンリオらとともに、革命の最も過激な時代を展開した。恐怖政治の始まりである。

左：清廉潔白なロベスピエール。おびただしい数の処刑判決を下した彼は、自身の処刑に毅然としてのぞんだ。

恐怖政治の時代

　恐怖政治は、公安委員会に統率された階級闘争よりもはるか以前に始まった。最初に起こった激しい暴動は1792年9月に勃発した九月虐殺の6日間だった。王政主義の反革命分子が反乱を企てているとの噂で、新体制メンバーの過激派が立ち上がり、アンリオらに率いられてパリ中の刑務所にいる囚人を殺害し、反革命分子を絶滅させようとした。

　司祭らが最初の犠牲者だった。武装した下層市民が馬車に乗り込み、空いた窓からサーベルを差し込んで司祭の腕や手を切断し、顔や肩に切りつけた。次に暴徒はパリ中の刑務所に乗り込み、槍やこん棒、斧などを使って政治犯を無差別に殺害した。

　刑務所にいたフランソワ・ジュールニャック・ド・サン＝メアルドと監房の同室者は、どうやって受難を最小限に抑えるかを決めた。監房の窓から外を覗いていた彼らは、手で身を守ろうとすると、より悲惨な目に合うことがわかった。囚人が絶命するまでしつこく刃を振るわれるからだ。サン＝メアルドと彼の仲間は、暴徒が自分たちに向かってきたら両手を後ろに回すことにした。彼らの殺害は速やかに済んだ。

　ある囚人はリンチから逃げるために煙突のなかに隠れた。煙突内を銃で撃っても降りてこないので、暖炉で藁が燃やされた。燻し出された囚人は短刀で刺され殺された。ある刑務所では378人の囚人が切り刻まれ山積みにされた。女性たちは、ずたずたにされた遺体から耳を切り取り、記念にドレスにピンでとめて飾ると、残りの遺体を馬車にのせた。

右：1792年に起きた九月虐殺は、フランス革命初期が激しい流血騒ぎだったことを示している。刑務所が襲われ、司祭が虐殺された。

上：貴族の女性は滅多切り
にされ、最も残虐な殺さ
れ方をされた。この事実は
多くの国にフランス革命
反対の立場をとらせた。

九月虐殺の暴徒たちが暴動の途中美味しい赤ワインやパンで気分
転換するときに、バラバラになった死体をテーブルや椅子代わりにす
ることもあった。傘売りの露店を経営するマリー・グレーデレは両胸
を切り落とされ足を大の字に広げられて地面にはりつけられ股の間に
火をつけられた。ランバル公妃は服をはぎ取られ、凌辱されたうえ
両胸を切り落とされた。1本の足は大砲に仕込まれて発射され、心
臓は食べられて、性器は切り取られ顔と一緒に串刺しにされた。

　1,200人の犠牲者を出したが、かかわった暴徒は150人ほどだったようだ。犠牲
者の三分の二は革命には関係のない一般の囚人だった。新政権はエスカレートし
ていく暴力行為を法的に正当化しようと、その名も皮肉な公安委員会に、新体制
にふさわしくないと思われる市民を逮捕し裁判にかけ処刑する全権を与えた。

　恐怖政治はロベスピエールの主導により過激化していき、パリでは1793年3月
から1794年6月までの15カ月で1,251人が斬首された。続く1794年6月10日から7
月27日まで、たった1カ月半の間に実に1,376人が処刑された。

司祭らが最初の犠牲者だった。武装した下層市民が馬車に乗り込み、空いた窓
からサーベルを差し込んで司祭の腕や手を切断し、顔や肩に切りつけた。

ルイ王の処刑

　恐怖政治の時代、形だけの裁判で処刑が行われはじめた頃の犠牲者の1人がルイ十六世だった。1793年7月21日のことである。彼は断頭台上をしっかりとした足取りで進み、その王らしい冷静な様子は見物人たちに感銘を与えた。しかしながら、機能が強化されたギロチンをもってしても、ルイ十六世の巨大な肉の塊のような太った首をすんなりと切断することはできなかった。切断するまで何度か刃を落とし直す間、彼は叫び声を上げ続けた。

下：ルイ十六世の処刑は1793年1月21日にルイ十五世広場にて執行された。この広場はその後、革命広場と改名され、再度1795年、現在のコンコルド広場に改名された。

上：ルイ十六世は、革命家たちから無理やり帽子に三色記章をつけさせられた。

反革命容疑者法

　1793年9月、反革命容疑者法が可決された。その法律は、反革命分子の疑い
がかけられただけで、裁判にかけ処刑することができるというものだった。ロベ
スピエールの熱心な支持者であったサン＝ジュストは言った。「反逆者だけを罰
するのでなく、中立の者をも罰するのだ」。革命支持者と認定されないのは危険
なことだった。死刑判決を受けたものが死刑囚護送車に乗せられて断頭台に送ら
れるとき、通りには民衆が並び、花や三色旗で華やかに飾られた窓の下に立って
「ギロチンへ！　ギロチンへ！」と叫ぶのだった。断頭台の周りに座っているのは、
トリコトゥス（編み物をする女たち）で、図太いユーモアをもって処刑を見なが
ら編み物を続ける彼女たちは、処刑の名物になっていた。行商人がワインやビス
ケットを売り、革命裁判所から派遣された、銀のチェーンをつけた執行官が囚人
を選ぶ順番を賭ける者もいた。

　どんな階級の者も処刑された。無能な将官、人気のない政治家、高級売春婦、
歴代市長、豪農、国外逃亡の機会を逃した貴族、兄弟を亡くして泣いていた若
い女性や、プロイセン兵士とダンスを踊ったというだけで処刑された者までいた。
身内同士で革命や国家について非難するような
発言をしただけで、悪意のある隣人に弾劾さ
れた。代議士のヴァラゼは死刑にされるくら
いならと自らを刺して命を絶ったが、それに
もかかわらず彼の遺体は翌日ギロチンに
かけられた。夫がギロチンにかけられた
女性は、夫の血を滴らせている刃の下に座
ってその血を顔に受け、泣きながら数時
間そこに座り続け、その後自らも夫の後
を追った。

左：もう1つの、革命の不滅のシン
ボルはトリコトゥス（編み物をする
女たち）だ。彼女たちは血まみれの
斬首の間も手を休めなかった。

哀れな最期

　感情をコントロールできない者もいた。その美貌で名を馳せたジャンヌ・デュ・バリーは野心を遂げ、革命前には王の愛人にまで登りつめていた。それが彼女の不運だった。そして恐怖政治の間にパリに戻ったのが命取りとなった。もとはと言えば、仕立屋の娘にすぎない自分がギロチンにかけられることなどないと高をくくったのだ。サンソンは彼女の哀れな最期をこのように記している。

　　デュ・バリー夫人は昨夜死刑の判決を受け、今日の朝処刑された。最後に彼女に会ったのは20年ほど前になる。私は彼女を見分けられなかった。彼女の容貌は荒れ果てていた。私を見ると悲鳴を上げ、手で顔を覆って座り込んだ。泣きながら「殺さないで」と叫んだ。助手が近寄って彼女の髪にはさみを入れようとしたが、彼女は抵抗した。別の助手は彼女の手を縛るのに苦労した。彼女は最後には従ったが、私は女性がこのように泣くのを今まで見たことがなかった。

上：キュスティーヌ将軍は革命の英雄だったが、のちに反逆者とされギロチン刑にかけられた。

下：デュ・バリー夫人は当時その美貌で有名だった。彼女の美をもってしても、ギロチンから逃れることはできなかった。

王妃やジロンド派の処刑が行われたときと同じぐらいの民衆が処刑場に集まってきた。あたりには叫び声があふれていたが、デュ・バリー夫人の金切り声は誰よりも高く響いていた。彼女は「皆の者、私を解放しなさい。私は無実、私はただの市民、善良な市民にすぎません。私を殺させないで」と叫んだ。行動を起こすものは1人もいなかったが、男も女も頭をたれ、やがて静寂が広がった。デュ・バリー夫人は気を失わんばかりだったので、息子［アンリ］が支えてやらなければならなかった。彼女は私に何度も許しを請うた。この不運な女性は私の若き日々、彼女をよく知っていたあの頃のことや彼女の立派な父親のことなどを思い出させ、私は他の誰に対してよりも強く憐れみを感じた。彼女はギロチンを目にするとひどく動揺し、助手たちと揉み合い彼らに嚙みつこうとした。あまり激しく暴れたので、断頭台に上がらせるのに3分ほどもかかった。彼女は見ていられないほど痛ましい様子で、最後の最後まで暴れた。

——*Memoirs of Sansons, from Private Notes and Documents, 1688-1847,*
Henry Sanson(ED.),1876

地方の恐怖政治

地方では狂気じみた処刑がエスカレートし、ギロチンですらも処刑に追いつかないと思われていた。リヨンでは貴族の屋敷が軒並み爆破され、広場では300人をまとめて殺害するのに大砲が使われた。ナントではすし詰めの刑務所で3,000人が殺害され、2,000人が繋がれて艀船に乗せられ、ロワールの中部に連れていかれた。その艀船は沈没した。

ル・ボンという名のもと司祭が運営する、移動式の裁

下：処刑にギロチンが使えないときは、他のどんな方法でもかまわなかった。この絵ではナントの市民が川に引き入れられて溺れ死にさせられるのを、革命派の指導者が見ている。

お笑いではない

　サーカスの道化師が、ピエロのコスチュームのままでギロチンにかけられたシーンは、他に類を見ず２度と演じられることはなかった。ロワール渓谷のシノンで、彼は一時的な契約で革命裁判所の裁判長をしていた。自らを「革命の炎」と名のり、若者から年寄り、無実の者からやましい者まで、相手かまわず斬首刑を宣告した。その後、彼自身も判事を退き、だぶだぶのズボンと大きな靴のピエロの衣装をまとったまま処刑されることとなった。

判所まであった。ル・ボンの裁判所は判事と組み立て式のギロチンを伴って、処刑の足跡を残しながらソンムやアラスなど北部をまわった。ル・ボンと彼の妻は、彼の３人の叔父や妻の兄弟らとともに裁判の席についた。余談だがル・ボンの妻は彼のいとこでもあった。もと司祭であるにもかかわらず、ル・ボンは女好きだった。彼のかわいい妻は彼の昔の恋人が間違いなく処刑されるようにした。ル・ボンの家族全員が残忍な処刑を見て楽しんが、ロベスピエールとその一派が転落すると、彼ら自身も「ギロチンと寝る」ことになった。

流血の環境問題

　1794年６月、恐怖政治は前代未聞の大殺戮に発展した。プレリアール22日法（フランス革命歴では６月10日）（訳注：革命期のフランスの法律）は、反革命の容疑で法廷に連れてこられたものは、無罪か死刑かのどちらかであると言明した。

　こんな法律が成立した理由は、パリの新しい場所に、装置の下に1,350ガロン（6,000リットル）もの血液を受けられる大きな堀を設けたギロチンを設置したことにある。だが堀が血でいっぱいになってしまうと問題が発生した。あふれた血が周囲の石畳に染み出して、野犬の群れが集まり出したのだ。

　死体の山を廃棄するのもかなりの手間だった。サンソンはその日のギロチン仕事が終わるとまず刃をはずしてきちんとしまってから、その日に出た死体と切断

上：ジョセフ・ル・ボンは、もともとは司祭だった。革命思想に傾倒し夢中になったが、権力を与えられると汚職にまみれた。

159

上：ル・ボンのような革命家は血に
まみれた野蛮人と描写された。この
絵では、ル・ボンは片手の杯から血
を飲み、もう片方の杯に首をはねた
ばかりの囚人から噴き出す血を受け
ている。

された頭を死刑囚護送車に積み込んだ。指定された墓地
へ向かう時、表通りには血の通り跡が残り衛生問題になっ
た。墓地に着くと死体は薪用の丸太のように堀の底に積ま
れ、その上に熟れたメロンのような頭が投げ込まれ、気味
の悪いそれらの上に酸化カルシウムがかけられた。共和派
の意向を無視してルイ十六世の遺体は棺に納められたが、その棺は一般市民の
墓地に埋葬され、しかも蓋は無かった。目があいたままの彼の頭は、股の間に置
かれた。ブルボン王朝擁護派のM・デクロゾーはマドレーヌ墓地の王と王妃の棺
の位置を記録しておき、後日その区画を購入した。そのM・デクロゾーのはから
いで、ルイ十六世と王妃マリー・アントワネットの棺は埋葬し直された。

歌い続けた修道女

　第一共和制時代、よく使われていた大規模な墓地の1つがマドレーヌ墓
地で、ここは以前ベネディクト派の修道女が所有していた。1794年7月、16
人のカルメル会の修道女が革命広場で処刑された後ここに葬られた。処刑
を待つ間、彼女たちは賛美歌を歌い続けた。24分の間に1人また1人と
処刑は進み、賛美歌の合唱は最後には独唱になり、そして死の沈黙がおと
ずれた。

ロベスピエールの殺害

　前代未聞の流血騒ぎがおこり、ロベスピエールとその一派はとうとう最後のときを迎えた。国民議会のメンバーをさらに大規模にギロチンにかけると宣言し、それが災いとなりロベスピエールとその従者たちはクーデターにより失脚した。シャルル・アンドレ・メルダという憲兵が市庁舎にあるロベスピエールの執務室に飛び込み、ロベスピエールの胸を狙って撃ったところが、弾はそれ顎を撃って歯を粉々に砕いた。激しい暴力によって逮捕され、ロベスピエールは公安委員会の部屋に連れていかれた。そこで彼は、口から血を流したまま身動きもせず、目も開けず台の上に横たわった。1時間ほどそのままでいたあと、目を開けると顔の血を拭こうとした。朝の6時頃になってようやく、退陣に追い込まれた暴君のもとへ外科医がやってきて、折れた歯や砕けた顎の骨を取り除き、下あごに包帯を巻いていった。ロベスピエールは処置を受ける間全くの無表情で、何の感情もない目で自分を捕らえた者を見つめた。

　九月虐殺に参与し国民衛兵の指揮官でもあったアンリオは、逃げようと窓から飛び出し、堆肥の上に落ちて、下水道に逃げ込んだ。しかし兵士たちに見つかってしまい銃剣で刺された。兵士は彼の目玉をつき刺し、その目玉は靴帯でほほの上にぶら下がった。

下：下層階級はロベスピエールに敵意を持った。彼の死を見届けようとたくさん集まってきた。

　革命裁判は短時間で死刑判決を下し、死刑囚は朝の5時に死刑囚護送車に乗せられる。群衆が沿道に押し寄せ、ののしり声をあげた。パリの通りには「ギロチンだ！　共和国万歳！　打倒暴君！」の声がこだました。ロベスピエールらが処刑場に到着する直前、1人の女が血に染まった包帯を巻かれ目をつぶっているロベスピエールの顔を見て「この悪党め、さっさとうせろ。フランスの母親と妻たちの呪いを背負って埋められちまえ」と叫んだ。彼は車から降ろされ、地面に座らされて順番を待った。周囲で起こっていることにはまるで興味がなかった。断頭台にあげられると、目だけを開けた。そこで処刑執行人がロベスピエールの顎を支えていた包帯をはぎとると、大量の血とともに顎が落ちた。彼はその時「死にゆく虎が吠えるようなうなり声をあげ、その声は広場中に響き渡った」

　アンリオも泥酔した状態でふらつきながら断頭台へと歩いた。いまだ靭帯でほの上にぶら下がっている彼の目玉に見物人が手を伸ばし、その目玉を引きちぎった。

革命後のフランスの処刑

　フランス革命が終結すると処刑の数は減少したが、ギロチンはその後も1977年まで使用され、主に政治的な迫害ではなく極悪犯の処刑に使われた。ギロチンに横たわる者はあまねく死ぬ運命にあるので「未亡人製造機」と呼ばれた。

　加えてフランス独特の法規定がギロチン刑を言い渡された死刑囚の苦痛と不安を助長していた。フランスの死刑囚は、イギリスやアメリカの死刑囚のように処刑日を知らされなかった。わかっていたのは、裁判所関係者が休みの日曜日と月曜日の午前中は処刑を行わないということだけだった。

　朝早く処刑が行われるとき、看守は音を立てて死刑囚を動揺させないために靴下をはいた足で独房の囚人を起こしに行き、処刑執行人と助手たちは組み立てられたギロチンのわきで囚人が連れて来られるのを待った。死刑囚は寝ているところを奇襲され起こされて、そこから苦しく長い工程が始まる。自分の服に着替えることが許可され、遺書を書く時間が与えられたあと、ミサに参列し、当局から派遣された司祭に告解する機会が設けられる。最後に、確認のため罪状が読み上げられるという屈辱を受け、看守が罪状を認め署名をする。ひとたび看守が署名をすると、死刑囚は処刑執行人の手に渡る。

「死刑囚の身支度」が後に続く。襟やうなじにかかる髪が切られ、1杯のコニャックが与えられる。それを飲み干すと手首と足首を縛られる。そこでついに死刑囚はギロチンに連れていかれ、跳ね板にベルトで留められて、その板はセットされた刃の下に頭を突き出すように設置される。ここに「カメラマン」が登場する。

これは処刑執行人の助手で、囚人が首を押さえている三日月に頭を引っ込めたりしないようにするのが彼の仕事だ。頭を引っ込めると首でなく頭を半分に割ることになってしまう。そこでカメラマンは囚人の髪を引っ張ったり、耳を引っ張ったりして正しい位置に「ポーズをとらせる」。

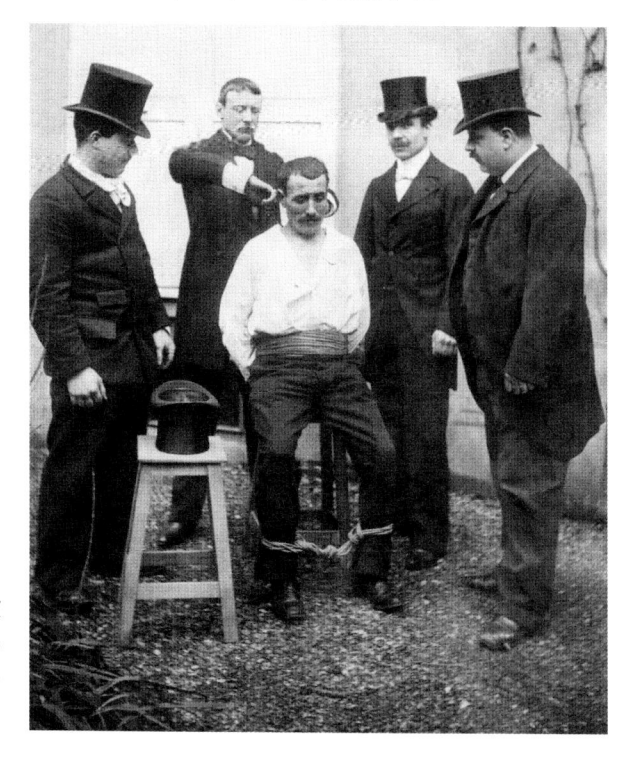

左ページ：フランスは18世紀から19世紀にかけて世界中に勢力を広げた。反乱者を罰するのに主にギロチンが使われた。

右：この死刑囚は襟を切り取り、うなじの毛を刈られている。このあと彼の命の火を消すことになるもう1つの刃のこと考えずにはいられなかっただろう。

これは助手にとって一番荷の重い仕事であったに違いない。指を一緒に切り落とされてしまうこともよくあった。——言うまでもなく、カメラマンは囚人の噴き出す血を浴びることにもなった。

フランスの注目すべき処刑

とびぬけて劇的だったのがジャン・バプティス・トロップマンの処刑だった。彼はたった21歳の時に一家のうちの8人を殺害した。1870年1月19日に彼に死刑の判決が下されたが、彼はこのままおとなしく死んでやるものかと心に決めた。彼は、前半の儀式の間はおとなしく落ち着いた様子をしていた。ところが跳ね板の上に乗せられるやいなや、背をのけ反り、頭を首輪のなかに引っ込めた。処刑助手が彼の髪を掴みもとの位置につかせようとすると、今度は前に伸び、首を伸ばして助手の指を食いちぎろうとした。ちょうどそのとき刃が落下し、彼の悪さはそこで終わった。1916年、ルイ・ルフェーブルは処刑執行人たちの手をかわし、刃が落ちる瞬間に頭をひいた。その結果彼は首ではなく頭を真っ二つに切断された。

ルイ・デイブレルは1879年から1899年までフランスの処刑執行長官だった。観衆から処刑がゆっくり過ぎるだの優しすぎるだのと非難されることもあったが、彼は囚人がギロチンに到着してから刃が落下するまでを平均8秒以下で行った。20世紀に入るころ70代で引退した彼は常軌を逸した行動をとるようになった。これは明らかにPTSS（訳注：過去の体験のフラッシュバック）で、血が流れる川などといった信じられない夢を繰り返し見て、夜眠れなかった。さながらマクベス夫人のように、手だけでなく魂までも清潔にしようとするかのように、両手を

こすり合わせて洗い続けた。彼は引退直前に2回ほど囚人の噴き出す血をかわせずに服が血でずぶ濡れになったことがあった。もう限界だった。かれは処刑執行長官職を息子のアナトールに譲り、その後アナトールは1899年から1939年まで40年間長官を務めた。

左：ジャン・バプティス・トロップマンは1870年1月19日に処刑された。死の直前、彼は処刑助手の指に噛みついた。

フランスにおける公開処刑の終焉

上：フランスで最後にギロチン刑にかけられたのはハミダ・ジャンドゥビで、彼の処刑は1977年9月10日に執行された。

　フランスで行われた最後の公開処刑は、いろいろな意味で注目に値するものになっている。第一に、ギロチンの不具合で不手際極まりない処刑であったこと。第二に、動画と写真の記録が残っていること。第三に、これ以降フランスで公開処刑を見ることは無いというので飲めや歌えの大騒ぎが演じられたことである。1939年6月、連続殺人犯のオイゲン・ヴァイトマンがヴェルサイユの監獄前での公開処刑を宣告された。新任の処刑執行主任、ジュール＝アンリ・デフルノーはプレッシャーを感じていたに違いない。彼は酒に酔い、助手の1人と喧嘩し、ギロチンが正しくセットされたかどうかの確認を怠ったという記録がある。処刑は数時間遅れ、そのため大勢のカメラマンがギロチンに詰めかけ、フランスの法規に反する写真をたくさん撮った。ギロチンの刃が落下すると、頭を切り落とされた胴体は、うまく作動しない台の上から滑り落ち、偶然にも待ち受けていた籠にすっぽりと入った。処刑を見ようと3万人から4万人の酔っ払いが大騒ぎをしながら集まっていた。警察が非常線を張りどうにか彼らを押さえたが、ひとたび非常線が取り払われると、酔っ払いたちはどっと押し寄せ、血の流れる側溝にハンカチを浸したという。以降の処刑をすべて非公開と決めたのは、こんな騒ぎがきっかけとなったのかもしれない。

ドイツの効率主義

　ナチスドイツでは、ギロチンをさらに効率的にしようといくつかの手直しが施された。斧型の刃は1933年になるまで依然として使われていたが、ナチスの技術者は独裁政権の要望に応えてこれを進化させた。彼らはより重い刃を用い、刃の両側の柱を金属製の短いものに変えた。また囚人を乗せる跳ね板は省いた。処刑執行人は、むろん死刑囚の心情を察したうえで、ギロチンの刃を目にしないよう下向きにさせたり、また逆に刃のほうを向けて上向きにさせたりできた。また、刃を見えないように覆い隠して、死刑囚を後ろ向きでギロチンに向かわせることもあった。アドルフ・ヒトラーは個人的に20台注文し、1933年から1945年の間に約1万6,000人を処刑した。ドイツ的な効率的発想であるが、死刑囚の家族は囚人が拘置所にいる間1泊1.50ライヒスマルクを支払い、処刑に300ライヒスマルク、さらに書類送付代として12ペニヒを支払う義務があった。ベルリンのプレッツェンゼー刑務所の処刑執行人レトゲルは3分に1人のスピードでギロチン刑を行うことができ、1件の処刑当たり60ライヒスマルクの報酬を得ていた。

プレッツェンゼーのギロチン

　アドルフ・ヒトラーは議会での権力を行使し、処刑の下限年齢を14歳に引き下げた。独裁政権下、処刑を受けるのは主に反体制派で、やがて45台のギロチンが国中で稼働するようになった。ナチスドイツの勝戦を疑うものや、連合国側のラジオ放送を聞いたものは死刑にされた。プレッツェンゼーでは、あるとき2台

のギロチンを同時に使って11時間で75人の処刑を行った。その他ウイーン1カ所だけでも1,400人が処刑された。

　ヨハン・ライヒハートは、当時の処刑執行人のなかで最も大量の処刑を行ったという忌まわしい名誉を得ており、ナチスドイツの時代に2,876人を処刑、人生を通して合計3,165人の処刑を行った。連合国はライヒハートを起訴せず、ニュールンベルク裁判の戦犯の絞首刑を任命した。

左：ドイツのギロチンは初期のギロチンと比べかなり重い刃を使ったので、支柱は短くて済んだ。

瞬間死？

死後に意識はあるのか？
　騒々しいこの世を去った後に意識は残るのだろうか？　生きている我々にこの答えを知る由もないが、ギロチンで処刑された者は、斬首後少しの間生きたようなのである。

　ギロチンで処刑された罪人がどのくらいのあいだ意識が残り、どのくらいで苦痛が終わるのかについては諸説ある。脳に血液が回らなくなるため、斬首の2、3秒後には意識がなくなるようだ。失血と、脳と脊髄の分断により、斬首後約60秒ですべての生活反応がなくなる。一方で、脳は斬首後も7秒間代謝を続けられるだけの酸素を蓄えられるということも推定されている。一部の科学者が、斬首後の頭は正確にはいつ死ぬのかを研究している。

　最初にこの問題を科学的に分析したのは、フランス人科学者のアントワーヌ＝ローラン・ド・ラヴォワジェ（下）で、彼は自身が1794年、恐怖政治の時代に処刑されることになったとき、斬首後可能な限り瞬きを続けると約束した。彼は30秒間

瞬きを続けたと言われる。しかし、検死時でも瞼が上下したり、顔が震えたりすることもよくあるとも言われている。処刑執行人サンソンは、斬首された頭が投げ入れられた籠や袋のなかで動くことはよくあり、頭が他の頭や顎に噛みついてしまうと、外すことがなかなか難しかったと語った。サンソンが執り行ったある処刑で、斬首された頭がかなりの勢いでギロチンから飛び出してしまい、観衆のなかに落ち若い女性のスカートの下に入ってしまった。サンソンの助手が拾って袋に入れる前に頭が「うひょー」と言ったと何人かが証言している。

> 「彼の頭はあたりを見回すかのように何度か回転した［石の上で］、
> そして何かを話そうとするように口を開けて舌を動かした。7、8分それが続いた。
> 私はこんなことを目にしたことはなかった」
>
> ——Franz Schmidt, the Nuremberg execution on the death of Georg Praun (1602)

皮剥ぎ刑

　皮剥ぎ刑は数千年も前から存在した処刑方法で、特にアメリカ先住民が盛んに行っていた。古代アッシリア人は生皮剥ぎを脅しとして使った。占領した町の全住民の皮を剥ぎ、胸壁（訳注：銃眼つきの胸の高さほどの防壁）の上にかけて、アッシリアの勢力に抵抗を企てる者への警告にしたのだ。中世ヨーロッパでは、罪人や魔女や捕虜となった兵士などがしばしば皮剥ぎ刑にかけられた。

生皮剥ぎ

　生きたまま皮を剥がされると、人間は失血かショックで死亡する。生皮剥ぎは、顔から、もしくは足から順にゆっくりと皮膚を剝いでいく。被害者を逆さにしておくと失血量を抑えることができ、より長い時間生かしておけることになる。処置を楽にするため、事前に熱湯か熱した油をかけて皮膚を火傷させた。

　初期の北アメリカ大陸開拓者は、アメリカ先住民が好んで捕虜を生きたまま皮剥ぎにすることに注目した。1676年にピューリタンの入植者から届いた古い手紙には、先住民に捕らえられたイギリスの民兵は柱に縛りつけられて火であぶられ、先住民たちは火あぶりにされているイギリス兵の皮膚や肉を切り取り傷跡に石炭をつめた、とある。

　こうした拷問は外国からの移民だけに与えられたわけではなかった。――先住民同士の戦いで捕虜になった戦士は、自分がどんな拷問を受ける運命かよく知っていた。状況が逆であったなら、同じことを相手の戦士にしたであろう。過酷な拷問にひるんだり、恐怖で声を上げたりせずに耐えられるかは成人の男の沽券にかかわった。戦士らは、臆病な行動で部族の面目を傷つけないよう子供の頃から教育されていた。

　スー族は捕虜を足から木に吊るし、その下でゆっくりと火を燻り捕虜の頭をじっくりと焼くのを好んだとされる。もだえ苦しむ捕虜の体から肉を切り取ったり細長く剥がしたりした。イロコイ族（カユガ族、モホーク族、オナイダ族、オノンダガ族、セネカ族、タスカロラ族の6部族から成る）は、ヒューロン族や他の周辺部族に恐れられていた。誰もが、イロコイ族の一派に捕まって拷問される危険を冒すよりは逃げる方を選んだ。イロコイ族の外見だけで敵は恐れをなした。フェイスペイントには黒と赤が多く使われ、額の上部と顎の先を残し、顔の広い範囲をペイントで覆う。宣教師たちは戦士らが戦闘用のフェイスペイントをしているときには、危険に巻き込まれないようにした。黒は戦いと哀悼を表し、赤は凄まじい死を意味した。

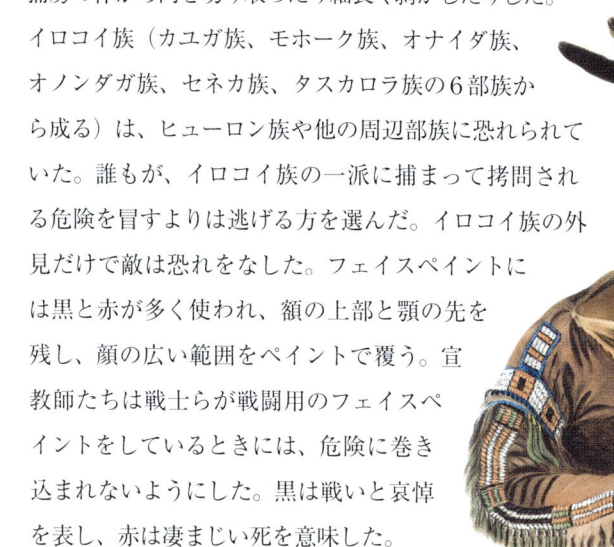

下：戦闘用の正装をしたスー族酋長、ト・カ・コン。この剣で不運な捕虜の皮を剥いだに違いない。

聖ジャン・ド・ブレブフの殉教

　イロコイ族文化の残忍性をよく物語っているのが、イエズス会修道士、聖ジャン・ド・ブレブフの一件だ。彼はカナダの聖職任命権者のうちの1人で、1649年に非常に悲惨な殉教を遂げた。他の殉教者たちは、彼の場合と比べたらまだ生易しかった自分達の運命に感謝したであろう。1,200人のイロコイ族戦士がヒューロン族の村を襲ってきたとき、ブレブフはヒューロン族の一群とともに村に残ることにした。ジャンと彼の助手、聖ガブリエル・ラルマンは、まず服を脱がされ、それぞれ柱に縛りつけられた。彼らは指の爪を剥がされ、そのあとこん棒で殴られた。特に内腿から性器の周りをひどく殴られた。2人の宣教師が、数年前に改宗させようとしたイロコイ族の男は、次に皮の水袋3杯分の熱湯をわかし、洗礼だと言って宣教師たちに浴びせ、これですぐに天国に行けるぞと言った。

　宣教師たちが黙ってただ苦しむのでなく声を上げて祈り続けたことに激怒し、戦士たちはいつものように、さらに恐ろしい拷問方法を使うことにした。鉄の斧を火に入れて熱すると、2人の宣教師の体に押しつけた。その後、真っ赤に焼けた斧でブレブフの首や胸を繰り返し打った。あまりの激痛で転がりまわって逃げようとするのも虚しく、次の一打が彼の肉体を打つのだった。拷問の間もブレブフは祈り続け、彼は北アメリカの名誉ある8殉教者に数えられることとなった。これが代々伝わっている話だが、実際には、斧を振るわれ上下の唇や舌を切りとられ、腕や脚からは肉の塊を切り取られていた彼が、声を上げて祈るのは不可能だったに違いない。最後に彼は座らされて頭の皮を剥がれ、心臓を切り出されて、その心臓は食べられた。

左ページ：ギリシャ神話では、マルシュアスがアポロンに盾突き、生きたまま皮を剥がれた。アポロンは剥いだ皮を松の木にぶら下げた。

右：聖ジャン・ド・ブレブフは非情なイロコイ族の戦士の手にかかり、苦しみにまみれて死んだ。

時間をかけた処刑

　ミシシッピ川流域に居住していたナチェズ族が敵部族の捕虜戦士を処刑する
儀式は、他のアメリカ先住民たちのやり方とほぼ同じだった。まずは捕虜の頭の
皮を剥ぎ、その後大の字に手足を広げさせて、2本の柱と2本の横木の枠のなか
に組まれたX型の礫台に縛りつけ、拷問が始まる。

　戦いに勝って戻ってくる戦士の一行は、居住地が近づくと鬨の声をあげて帰還
を告げた。そして連れてきた捕虜に最後の食事を与え、食事が終わると捕虜は
気を失うまでこん棒で殴られた。戦士は捕虜の額を膝で押さえながら髪の生え際
の皮膚に切れこみを入れ、頭の皮を両手で持って、破れてしまわないように気を
つけてひねりながら剥ぐ。その後、捕虜の両手首は礫台の上部の両角に、足首は
下の横木に縛られる。これで準備は整い拷問と処刑が始められるのだ。

　戦士はそれぞれたいまつや火のついたパイプ、燃やしたイグサなどをもって捕
虜に近づき火をつける。焼いた釘を足先や脚に刺すこともあり、また別の戦士ら
が皮膚や肉を切り取ることもあった。ナチェズ族は拷問にたいまつを使うことで

有名だが、火を使った拷問の種類は豊富
で、北アメリカ東部に暮らすインディア
ンの部族の数だけあった。捕虜の性器を
切り取り、戦争で殺された戦士の未亡人
が切り取った性器を焼くこともあった。
拷問でまず手をつけられるのは、脇の下
などの敏感な部位だった。拷問は最長3
日続き、静かに死んでいく者もいれば、
死の歌を口にしながらゆっくりと死んで
いく者もいた。捕虜から切り取った皮膚
を生のまま、あるいは火を通してから食
べる戦士もいたし、そのまま捨てる者も
いた。手足の肉のついた部分に矢を打ち

左：入れ墨を入れたイロコイ族の男がカナ
ダで捕虜にした男の頭皮を剥いでいる。
腰に着けているポーチは同じような戦利
品の頭皮で作ったものと思われる。

込んだり、燃え盛る木の枝を捕虜の喉や肛門に刺したりすることもあった。

こういった処刑はアメリカ先住民が、人間を生贄にして豊作を祈願するときにも行われた。

恐ろしい処刑がこんなにも大量に行われていたら、部族全体が消滅してしまうのではないかと思うが、基本的には処刑は男の戦士にのみに行われていた。一般的に女性と子供は戦いに勝った部族に引き取られ、特に、戦闘で息子を失った家族は息子の代わりに他部族から男の子を引き取りたがった。白人の子供が養子にされることもあった。ヘルマン・レーマン（1859〜1932年）はアパッチ族の秘蔵の戦士として育てられ、のちにアパッチ族の呪術師を殺害しコマンチ族に加わった。

アメリカ平原インディアン（訳注：北アメリカ大陸中部の平原地帯に住む先住民）は、とりわけ時間をかけた処刑方法に喜びを感じていた。その様子が開拓前線で繰り広げられたこの物語に表れている。これは1853年、部族の女性を殺害した入植者への復讐物語だ。

インディアンは、バッファローの生皮でできたポニーを繋ぐための60フィート（18メートル）のロープ（輪縄）をとり、それで男の頭と足を荷馬車の後輪に縛りつけた。インディアンはナイフがよく砥がれているかどうかのチェックには時間をかけず、生きたまま男の皮をはぐ恐ろしい場面がすぐに始まった。男を車輪に張りつける前に服は全部脱がせてあり、まず首元から皮を剥ぐと、すぐに血が流れ始めて男の裸の体に細い線を描いて滴った。インディアンは男の皮膚をゆっくりと、そして確実に剥いでいき、一部分にとどまらず全身の皮を剥ぎ切った。恐ろしい拷問は白人の男たちの前で行われた。マンキンスは苦痛でもがき、叫び声をあげ、それは見ていられないほど悲惨な光景だった。彼は懇願し、祈り、悪態をついた。血みどろの作業が続き、耐えがたい拷問はなかなか終わらなかった。この男は無防備なインディアン女性を残忍な方法で殺害した。女性の部族は考えられる限り最も残忍な方法で男を罰したのだ。インディアンは勝ち誇った様子で恐ろしくも残忍な処刑を終え、勝利の雄叫びをあげた。処刑された男はまだ息があったが、ゆっくりと意識を失っていった。彼らは男をロープから解くと、血を流し悶える男を地面に降ろした。男は地面の上で1時間ほど小刻みに震えながら横たわっていたが、やがて死がおとずれ、男の人生とインディアンの残虐行為に終止符をうった。

男が死んだことを確認するまで1人のインディアンもその場を離れなかった。男の死を見届けると、インディアンたちはポニーにまたがり、剥がした男の皮を手にして、鬨の声を上げながら去っていくのだった。

——*Fireside Stories of the Early Days in the Ozarks*,

Silas Claiborne Turnbo, 1904

頭皮をめぐる戦い

多くのアメリカ先住民は敵の頭の皮を剥ぐ練習をした。復讐のために他の部族に向かって「頭皮剥ぎの襲撃」を仕掛けた。戦闘で死亡した戦士の家族がこの襲撃に加わったが、それは単に戦闘員の頭数を増やすためでなく、遺族の復讐心で戦意を強化する意味があった。死亡した戦士の仇を討つために、敵の戦士を殺して頭の皮を剥いだ。襲撃をかける一団は盛大な儀式を行って送り出された。成功して帰還すると大々的に祝賀会が催され、「スカルプ・ダンス」（訳注：勝戦を祝って、持ち帰った敵の頭の皮を囲んで踊る踊り）が披露された。そして戦利品である敵の頭皮を竿の先に刺してパレードし、戦死者の家族に慰撫の印として進呈した。

戦士たちは、頭皮は戦士魂の延長と考えており、頭皮を剥がされることは魂を抜かれるとともにプライドを傷つけられることだった。一連の儀式が済むと、頭皮は木の輪にかけて伸ばされ、衣服や馬の鞍に縫い込んだり武器に飾ったりされた。

ほとんどの場合、頭皮剥ぎは鋭いナイフを使って生え際に切り込みを入れて剥がすのが普通だったが、カリフォルニアの部族は、殺した敵の首をまず切り落とした。そうすることで頭の皮を顔から耳まで残さず剥がすことができた。モハー

ビ族もやはり頭皮を丸ごと剥いだが、両目の周りから鼻を通って口までの皮膚を逆三角形に頭蓋骨に残した。平原インディアンは小さな頭の皮を集めておきベルトや馬の鞍にして、何人の敵を殺したかを示す象徴にした。定住型のユキ族などは、頭皮を丸ごと使って集落の飾りにした。嘲りの的にするために、収穫した頭皮に鹿の髄を塗りこんで柔らかくしてから枠の上に伸ばして飾った。加工した敵の皮を、戦死した夫の未亡人や父を亡くした孤児が噛み、引き裂いてから捨てるという儀式もあった。

左：入植者が新大陸で直面したのは自然災害だけではなかった。アメリカ先住民は、先祖の大地を守ろうと死に物狂いで戦った。

凌遅刑（りょうちけい）：千の切り傷による死

この中国式処刑は「時間をかけて体を切り取る」刑で、漢王朝（紀元前206年〜西暦220年）の頃から一般的になり、20世紀初めに禁止になるまで行われてきた。凌遅刑は父親殺しや反逆罪のような大罪に科された。この処刑方法はこの世でも、そして死亡した後にも最大の苦痛をもたらすことを意図されていた。死刑囚は途方もない肉体的苦痛を与えられ、さらに辱めを受ける儀式が執り行われた。

罪人は裁判所から広場に連れていかれ、そこには必ず群衆が騒々しく集まってきた。処刑執行人は罪人を柱に縛りつけ、処刑を始める前に命を奪うための道具類を並べた。そして罪人の皮膚を切り取りはじめる。普通は乳首から取り掛かり、次に腿の内側へと進めていく。処刑執行人の腕がよければ、出血を最低限に抑えて罪人を何時間も生かしておくことができた。裁判所は通常、受刑者を絶命させるまでの時間を規定した。いよいよ罪人にとどめを刺すときには、特別なナイフが用意された。──刃幅の狭いナイフで、それで罪人の心臓を突き刺すのだ。

中国人は、天国に昇るためには手足から指の1本まで完璧にそろった状態で埋葬されなければならないと信じていた（去勢された男は、切除された睾丸を小さな瓶に入れて保存したうえで、必ず自分と一緒に埋葬されるようにしておいた）。罪人が死後も確実に苦しむように、処刑執行人は罪人の遺体を切り刻み、バラバラになった手足や頭や胴体を、腐肉を食べる犬があさった。

右：この中国人女性は、凌遅刑を受けるほどの凶悪な罪を犯したに違いない。役人は女囚が確かに既定の時間だけ生かされるよう見張っている。

電気椅子

　20世紀を目の前にしたころ、アメリカ合衆国はキラキラと輝き人々は自信に満ちあふれていた。アメリカは数々の発明を先駆け、なかでも電信を含めた電気技術では目覚ましい進歩を遂げた。栄えゆく近代国家にふさわしく、絞首刑に代わる、より人道的な処刑方法があるのではないかと考えるようになった。こうして「電気椅子」は誕生し、今日でも一部の州で死刑囚の選択肢の1つとして残っている。

新技術

　1880年代と1890年代を通して、アメリカでは急速に近代化と工業化が進んだ。大都市には高電圧を必要とするアーク灯が吊るされ、町は夜間でも昼間のように明るく照らされた。 また、新技術に携わる架線作業員や一般市民が感電死する事故が相次いだ。運悪く感電してしまった人は瞬間的に絶命したが、体には何の傷跡も残っていないことが注目を集めた。ニューヨーク州のバッファロー在住、アルフレッド・P・サウスウィックはこの現象を観察し、電流がどう作用して生物が死ぬのかを野良犬を使って実験した。電気の魅力に取りつかれたサウスウィックは歯科医だったので、歯科医の診療用の椅子と電気をかけあわせ、電気椅子が誕生した。トマス・エジソンは電気椅子の開発を技術と財政の両面から援助した。

下：様々な動物がこの馬のように、電流の実験のため、科学の名のもと感電死させられた。

上：1889年のジョン・フィークスの事故死が電気椅子発明のきっかけとなった。遺体に何の傷も残っていないことが注目された。

電気椅子による初めての処刑

　初めて電気椅子にかけられたのはウィリアム・ケムラーで、彼は内縁の妻ティリー・ジーグラーをこん棒で殴り殺したかどで死刑判決を受けた。彼女の頭をたたき割ったあと、ケムラーは近所の酒場に繰り出したが、血まみれだったため入店を断られた。次に行った酒場ではうるさいことを言われなかったが、そこで1杯目のビールを飲み干す前にバッファロー警察に逮捕された。

　ケムラーはニューヨークのオーバーン刑務所で処刑された。1890年8月6日の朝、彼は簡易ベッドから起こされ、トーストとコーヒーの朝食を与えられた後、身支度をするよう言われた。前夜には囚人仲間が彼を楽しませようとバンジョーの下手な演奏を聴かせたが、これは間違いなく「冷酷かつ非道な処罰」（訳注：アメリカ合衆国憲法に禁止が規定されている）の1つに数えられたであろう。彼は頭のてっぺんの毛を刈られ、ズボンのウエストの下の部分には穴があけられた。連れていかれた処刑室は比較的広い部屋で、中央には電気椅子の原型ともいえるものが設置され、それを扇形に囲んで立会人用の席が25席あった。

下：ウィリアム・ケムラーは電気椅子にかけられた初めての囚人という不名誉を有した。立会人の衣服には肉の焼ける臭いがしみ込み、気絶者も出た。

　この日は正真正銘、初めての電気椅子による処刑だったので、どれくらいの時間電流を流すべきなのか誰にもわからなかった。立ち会った医師たちは、ストップウォッチを用意し、あとはぶっつけ本番でいくことにして、エドワード・C・スピッカ博士がいつ電源を入れ、いつ電源を切るかを判断することにした。ケムラーが処刑室に入ってくると見物する人々に紹介された。ズボンに開けられた穴を広げて、ゴム製の電極を頭頂に加えて背骨の一番下の部分にも取りつけられるようにした。電気椅子にしっかりと縛りつけられると、椅子の背もたれの上部に留められた革製のマスクを頭に被せられて頭部が固定され、口だけが出ている状態になった。看守のチャールズ・ダーストンは「さようなら、ウィリアム」と言うと、配電盤室のドアを2回ノックした。事前に決められたこの合図を受け、配電盤の捜査係はケ

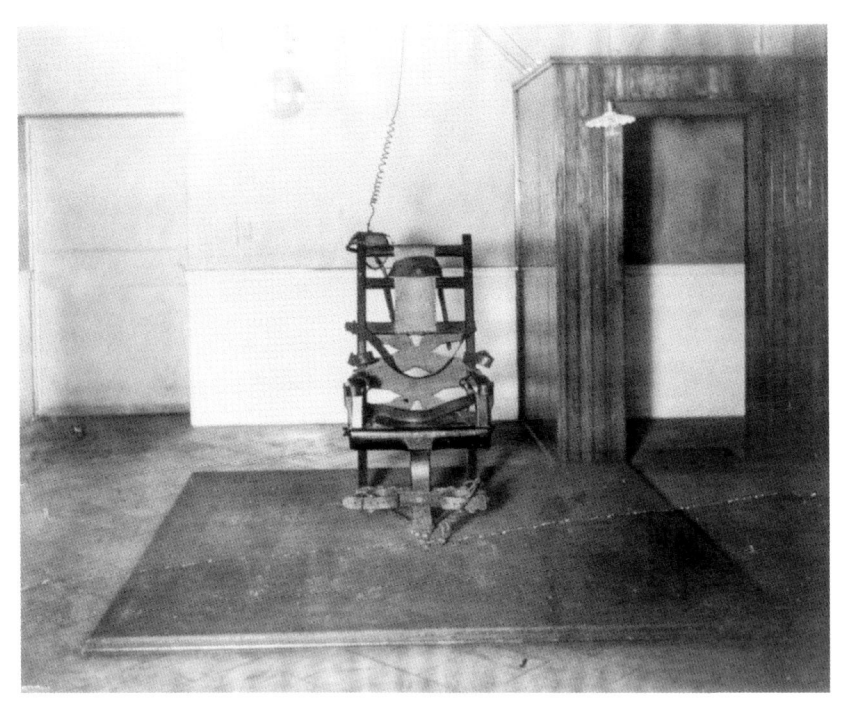

ムラーの頭に1000ボルトの電圧をかけた。瞬時に彼の全身が収縮し、肉の焼ける臭いとともに煙が立ち込めた。電気が彼の体を駆け巡り、17秒後に死亡を宣告されるまでに、彼の右手の人差し指は手のひらに食い込んでいた。医師たちが確認のために遺体の周りに集まり、医師の1人は「これは10年の努力と研究の最高の成果だ。今日をもって、人間の文明は新しい1歩を踏み出したのだ」と言った。

上：ニューヨーク州のオーバーン刑務所にあるこの電気椅子は、初期の実験的なものよりも、より頑丈にできている。

　残念ながら、別の医師が囚人の怪我した手に脈が戻っていることに気づき、この宣言は時期尚早であったことが証明されてしまった。立会人の1人が叫んだ。「大変だ、まだ生きてるぞ！」別の者が「見ろ、息をしてる」と言った。確かにケムラーは息をしていた。彼の胸は膨らみ、口からは軋るような音がして、その音はだんだん速くなり息を吸い込むたびに耳障りな音を立てた。唇から紫がかった泡が噴き出し、皮のマスクに跳ね散った。口からは涎がたれ、3本の線になって顎髭と灰色のベストを濡らした。彼が息をしようと身をよじるたび、胸を縛ったストラップがきしみ、立会人には表現できないような、動物の声のようなうめき声をあげた。全身が揺れ動き震えた。もう一度電極がセットされて電流が流されるまでに2分かかった。今度こそは充分に電気を流さなくてはと長い時間電流を保ったので、後頭部に当てられた濡らしたスポンジが乾ききってしまい、後頭

の髪や頭皮と一緒に燃え出した。便と尿がもれ、報道陣の1人を含む何人かの立会人が気を失って、椅子を四方に飛ばしながら倒れた。

　遺体の顔や腕には、灰色がかった青や紫の斑点が広がり、検死の結果によると脳はほとんど黒く炭化し、腰には皿ほどの大きさの焼け跡が残り、背中の筋肉は「焼きすぎたステーキ」のようだった。

生きて、る?

　電気を使って遺体を蘇生させる実験の古い記録の1つが、1803年ロンドンで行われた実験の記録だ。問題の遺体は殺人犯ジョージ・フォスターのものだった。「最初に顔に通電すると、死んだ罪人の顎が小刻みに震え始めた。周辺の筋肉は奇妙にねじれ、片方の目が確かに開いた。さらに実験を続けると右手を上げて拳を握り、下肢や腿が動き始め、どこからどう見ても、哀れな遺体はまさに息を吹き返そうとしていた。実験に使われた遺体は、人間の体に動物電気を適切に当てると反応することを証明した」。実験に立ち会った者が、フォスターの腕で叩かれるという予想もしない目にあい、ショックでその日のうちに死んでしまった。

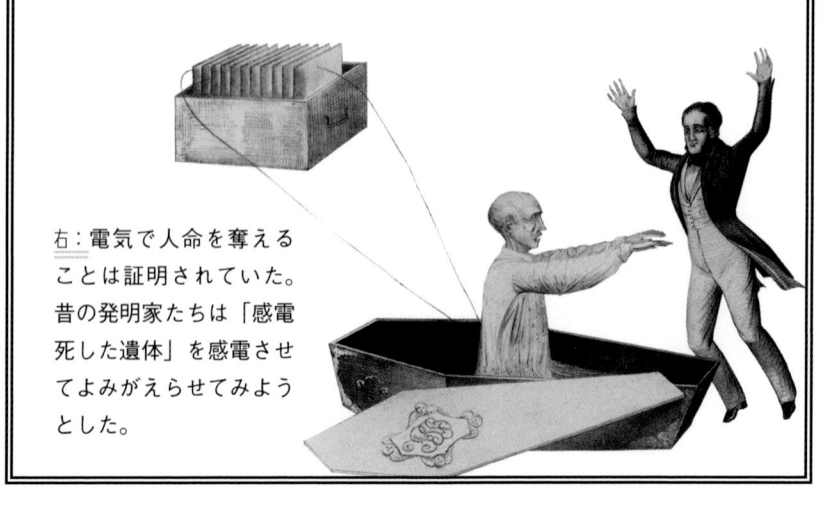

右：電気で人命を奪えることは証明されていた。昔の発明家たちは「感電死した遺体」を感電させてよみがえらせてみようとした。

上：トマス・エジソン（1847
〜1931年）は電球などの画期
的な発明で知られるが、電気
椅子の開発に関わっていたこ
とはあまり知られていない。

未完の処刑手順

　最初の電気椅子処刑は明らかに失敗だったが、実験台には事欠
かなかった。1891年7月7日の朝、ニューヨークのシンシン刑務所
には実験に使える死刑囚が4人いた。1人目はジェームス・スロー
カムで、1度目の27秒の通電は生き延び、2度目の26秒の通電で死亡した。効率を
上げようと、2人目の囚人ハリス・スマイラーには10秒の通電を3回繰り返してみた。
しかし彼の脈に変化が見られず、さらに19秒の通電が必要になった。3人目ジョセ
フ・ウッドには20秒の通電を3回繰り返した。最後のシブヤ・ジュウジロウの場合
が一番効率よく、15秒の通電を3回で死亡した。4人とも毛を剃ったふくらはぎに
下半身用の電極をとりつけたが、この方法はこれ以降、標準的な手順となった。

　さらに高い効果を求め、エジソンは、塩水を入れたバケツを両方の肘掛けに置
き、そこに囚人の手を浸して電極にすることを提案した。こうすることで囚人の
体内を通過する電流を促進しようとしたのだ。1892年2月、チャールズ・マッケ
ルヴェインに、この新しい方法が試された。彼は電気椅子に繋がれると「さあ、
やってみようぜ！」と叫んだ。1600ボルトで50秒間電気を流しても彼は死亡しな
かったが、念のために用意された頭とふくらはぎに装着する通常の電極でやり直
し、43秒後に死亡が確認された。

上：アメリカ大統領ウィリア
ム・マッキンリーの暗殺者、
レオン・チョルゴッシュは
1901年10月29日、電気椅子
にかけられた。

次に1893年、オーバーンで執行されたウィリアム・テイラーの処
刑である。両足を椅子の足に括りつけるときに、電気椅子の前足
が折れてしまい、彼は前のめりに倒れた。同時に発電機もショート
した。刑務所の電気技師が、発電機を市の高圧送電線に緊急接続
して電流を取り込み、1時間後に処刑が完了した。もう1人、段取りの悪い処刑
に苦しめられた囚人がいる。1915年7月30日、シンシン刑務所での死刑を宣告さ
れた悪徳警察官、チャールズ・ベッカーだ。彼は電気椅子への固定が甘く、処
刑に9分もかかってしまっただけでなく、彼を乗せて斎場に向かった霊柩車まで
故障したのだった。

カメラに向かって微笑んで

　電気椅子処刑の特徴の1つが、報道陣が取材のために立ち会いを許されていたことだ。写真を撮ることは厳重に禁じられていたが、あるときシカゴ・トリビューン紙の記者トム・ハワードが、足首にカメラを巻きつけてこの規定を出し抜いた。こうして1928年に処刑を受けたルース・メイ・スナイダーの体を電流が駆け巡る様子が後代に残されることとなった。

　スナイダーは強欲な女で、夫の稼ぎだけでは足りないと夫に10万ドルの生命保険をかけ、鉛の重りで頭を殴ったうえでクロロホルムをかがせ、額吊り用のワイヤーで首を絞めて殺し

た。ルースはいわゆる美人ではなかったが、何か独特の魅力があったらしく、シンシン刑務所で死刑を待つ間に150人からのプロポーズを受けた。彼女の処刑はほとんど何の問題もなく執り行われた。彼女はただ茫然自失した様子で処刑室に入ってきた。感情をあらわにしたのは女性看守のほうで、彼女は電気椅子のスイッチが入れられる前に気絶して倒れてしまった。

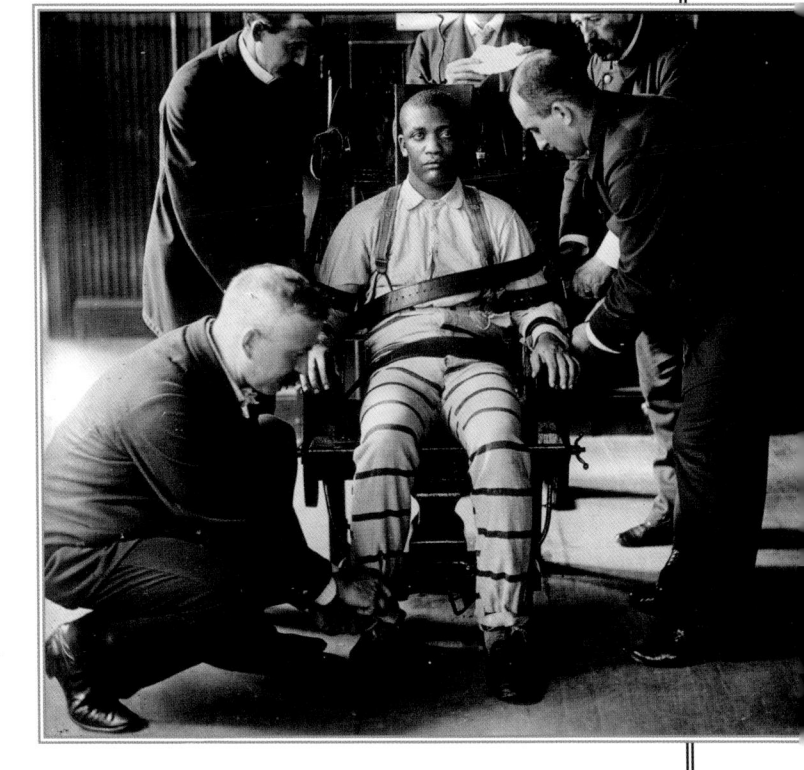

右：ニューヨーク州シンシン刑務所。死刑囚が電気椅子に縛りつけられている。

アルバート・フィッシュ、究極の快感

アルバート・フィッシュは、この地上に存在した極悪人中の極悪人に間違いない。彼は子供を大量に殺害し、人肉を食った。彼に下された判決は電気椅子による処刑だったが、皮肉なことにフィッシュは処刑を楽しみにした。——彼のサド・マゾ趣味を満足させる、それまで味わったこともない性的快感を得られるに違いないと思ったのだ。

フィッシュは少なくとも5件の殺人事件に関与したと思われるが、実際に有罪判決を受けたきっかけは1928年のグレース・バッドの殺害だった。1934年に彼は被害者の母親に、可愛い娘に何が起こったかを詳細に知らせる手紙を書いて送った。それがなければ、彼はそのまま逃げおおせたかもしれない。封筒のロゴが手掛かりとなり、フィッシュが容疑者として浮かび上がった。その後行われた尋問では、彼による想像を超えたうんざりするほどの数の犯罪が明らかになった。そのなかには1927年に行方不明になったビリー・ガフニーの殺害も含まれる。フィッシュが手を染めない悪行はなかった。彼は脱脂綿をガソリンに浸して被害者の肛門につっこみ火をつけるのが大好きだった。そして自分自身の陰嚢や骨盤に何本もの針を刺した。——拘置されている間に撮られたレントゲン写真には30本の針が骨盤付近に埋め込まれているのが写っていた。フィッシュは1910年から1934年の間に

何百人もの子供を殺害したと言ったが、その人数は多少誇張されていたようだ。彼は小児性愛の常習者で、セックスのためにたくさんの子供を誘拐し、ときには子供に自分をぶたせることもあった。彼は男色行為を行い、人肉や人間の排泄物を食べた。フィッシュは罪滅ぼしのために男の子たちを去勢したとも言った。

フィッシュの弁護団は彼の精神異常を申し立て、死刑を逃れさせようとしたが、実際フィッシュは電気椅子による処刑を宣告されると裁判官に感謝した。彼は、電気椅子は「今まで味わったこともない最高の快感」を与えてくれるだろうと言った。1936年1月16日、フィッシュは嬉々として電気椅子に座り、電極を取りつけるのに協力し、最初の通電を「本当に嬉しそうに」受けた。彼が体に埋め込んでいた釘が原因でショートを起こしたと言われているが、これは多分報道の誤りだろう。1回目の通電で青い煙が立ち込め、2回目の通電でフィッシュは絶命した。

左：殺人鬼、人肉食い、死体愛者、嘘つき、泥棒、マゾ、サド。アルバート・フィッシュ。

ロイヒターによる改良

　技術的な改良を重ねたにもかかわらず、電気椅子の処刑には依然として数々の不具合があった。電流が瞬間的に増加すると、体には異常な負担がかかる。脳の細胞が中枢神経とともに破壊され、筋肉は急激に収縮して固まる。皮膚は真っ赤になって、目の玉を眼窩から押し出してしまうほど腫れあがった。神経質になった死刑囚が監房から連れてこられる間に汗をかくと、電流が肌の表面や髪や衣服に流れて炎を上げる確率が高くなる。骨盤底筋や膀胱が締まったり緩んだりを繰り返すので、無意識のまま便や尿が漏れるため、死刑囚はおむつをつけられた。

　フレッド・ロイヒター（1943年生まれ）の父親は刑務所の看守であり、処刑器具を運ぶ運転手でもあった。息子のロイヒターは父親が処刑器具の点検に行くときに一緒に連れて行ってもらうのが大好きで、特にマサチューセッツ電気椅子などの処刑器具を州のあちこちに運ぶときについていくのが楽しみだった。

　子供のころ父親の仕事について回った経験から、ロイヒターは生涯を通して処刑器具に興味を持つようになった。電気椅子の処刑を観察するうちに、彼は死刑囚がとてつもない苦痛を受けていることに気づいた。彼は当然、囚人たちの最期を楽にしてやりたいと考えた。処刑執行人たちが直面する問題を解決しようとしたロイヒターは2つの解決策を見つけた。1つは致死注射刑、もう1つはより進化させた電気椅子だった。

　彼は実業界に入り、ロイヒター・エンジニアリングを創設した。彼の会社は処刑道具一切を扱う「処刑なんでも屋」になった。新型の電気椅子や致死注射だけでなく、絞首台やガス室なども取り扱った。器具の取り扱い訓練や設置のアドバイス、定期的な

右：電気コードの繋がった原始的な電気椅子。この装置は掃除も簡単で、床に据えつけて囚人をしっかりと縛りつけることができた。

メンテナンスなどのすべてが、彼がクライアントである刑務所に提供するサービスだった。

　当時使用されていた電気椅子のほとんどが19世紀から20世紀初めの技術によるものだと気づき、ロイヒターは1980年代から1990年代にかけて大々的に「改良」を加えた電気椅子を売り出した。彼のモットーは「死刑であって、死の拷問ではない」だった。彼は、電気椅子処刑の不手際は、電極の不完全接続が原因であると突き止めた。電極の接続があまいと、人間の体の電気抵抗により体を透過する電流が不十分になってしまう。そのため処刑執行人は電流を上げなければならず、結果として囚人の肉体を焼き、ひいては骨までも焼いてしまうことになる。この不手際が1989年の連続殺人犯テッド・バンディーの処刑時に起こった。バンディーは頭全体にⅢ度の火傷を負い、肉が焼け落ちて頭蓋骨が露出した。頭に「火傷の輪」ができるのは普通だった。バンディーの左足には７インチ（18センチ）の火傷が残った。

　ロイヒターがまず集中的にとりかかったのは、電極が電流をしっかりと流すようにすることだった。ヘルメットのなかに網状のものを取りつけ、幅広く電流を流すようにした。加えて下半身に取りつける電極を、片足ではなく両足に取りつけ、電気が胴体全体をまんべんなく流れるようにした。こうすることで神経系統が確実に分断される。——神経系統が確実に分断されないと、大変な苦痛をもたらし痙攣をひきおこすので、とても大事なことだった。この電極から2000ボルトの電圧をかけ続けると、心臓と脳は活動を止める。電極の接続に問題があり電圧にばらつきが出てしまうと、囚人の脳は死んでも生活反応は続き、心臓が再度動き出すこともある。ロイヒターは自分の開発した電気椅子に計算のうえ調整された電流を流すと4.16ミリセカンドつまり240分の１秒で意識を失わせると見積もった。これは神経系統が痛みを確認する速さの24倍にあたり、理論上囚人は痛みを感じないということになる。

　ロイヒターは電気椅子を納品するとき

左ページ：グリーンズヴィル刑務所の電気椅子は今でも正常に作動する。ヴァージニアでは死刑囚は致死注射か電気椅子かを選ぶことができる。

電極の接続があまいと、人間の体の電気抵抗により体を透過する電流が不十分になってしまう。そのため処刑執行人は電流を上げなければならず、結果として囚人の肉体を焼き、ひいては骨までも焼いてしまうことになる。

に、取扱者の教育も行った。彼は1分間に2回の通電をすることを勧めた。絶命には1回の通電で充分だとされていたが、ロイヒターは心臓が痙攣し、そこへ多量に分泌されたアドレナリンが巡って再稼働する可能性を考え、念のために2度通電することを強く奨励した。彼はヘルメットにデニムのカーテンをつけて死刑囚の顔を隠した。これはアメリカンフットボールのヘルメットを流用していた初期のヘルメットと比べたら、格段の進歩だった。

肥満が増え、古い型の電気椅子が合わない囚人が多くなってきた。ロイヒターは電気椅子のサイズを大きくし、他にも工夫をつけ加えた。しっかりとした木製の三脚台のような椅子を、床にじかに建てた大きな重い木のパネルの前に設置した。背もたれと肘掛けは高さの調節ができ、また背中を支えるクッションもつけた。座面には穴をあけ、下に取りつけた取り外し可能な容器で囚人の排泄物を受けるようにした。

下：奇想天外で少々危険の伴う離れ業。350アンペアの電流が「電気の魔人」バーネイズ・ジョンソンの体を流れた。彼の体は電流に耐えた。実験に使われた椅子は州立刑務所で使用されているものの複製品。

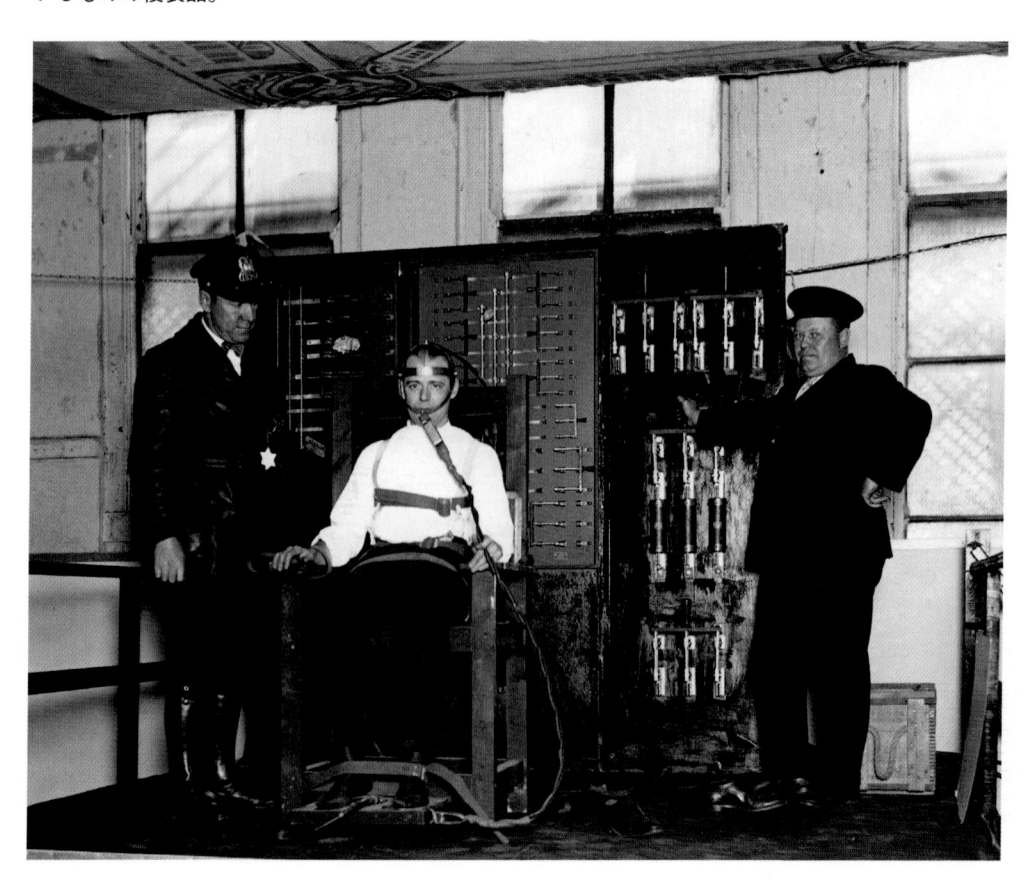

　囚人の胸から両腕と両脚にまわして拘束して留め金で留める、伝統的な重い皮のストラップも問題だった。留め金が扱いづらく、囚人が暴れるときはなおさらだった。そのうえ長い時間電圧をかけると囚人の体が焦げて留め金を外すときに焦げた体の欠片が一緒にくっついてきてしまうこともあった。少なくとも酷い打ち身や裂傷や出血は必ずあった。拘束器具から死体の欠片を剥がさなければならないのは、看守にとって極度に不快な作業だった。

　ロイヒターは、十字に胸を押さえ、胸の真ん中に簡単に着脱式の大きな留め金のついた固定ベルトを採用して、手順を簡単にした。囚人が電気椅子に座ると、固定ベルトの金具を留めて囚人が動かないようにし、両手両足も同じ要領で固定ベルトで留めた。囚人の絶命が確認されると、まずは胸の真ん中の留め金が外され、胸の部分が自由になった遺体は前のめりに倒れるので、椅子から外しやすくなる。足首用の電極は、電気椅子の脚に作りつけなので着脱を迅速で確実にできる。

　他の諸々の改良に加えて、ロイヒターは制御盤には2つのスイッチを設けた。2人の処刑執行人が、どちらが実際にスイッチを入れたのかわからないようにしたのだ。ロイヒターの計算によると1回の処刑にかかる電気代は31セントだった。器材の保守点検も行い、刑務所の処刑室を使って1日講座も開いた。講座では練習用のスイッチを使って職員の実地訓練も行った。処刑に際して起こり得る事故やそれを避ける方法、また実際起こってしまったときの対処方法を記したハンドブックを作成し、囚人を速やかに処刑場に連行する方法まで指導した。

　囚人の扱い方に加えて、看守は電気椅子の整備の仕方と処刑直前の試運転の仕方も教育された。また医学的な面から電気が人間の体に及ぼす影響を学び、また新型の電気椅子がいかに囚人に与える苦痛を最小限に抑え、処刑を楽にしているかを学んだ。

　講習に出席した者には電気椅子の取り扱いに関する「処刑技術者」認定証が発行された。

　ロイヒターは言わば処刑業界の「ウォルマート」（訳注：アメリカの大型スーパーマーケット）であり、致死注射技師、電気椅子技師、絞首刑技師、さらにはガス室運転技師などの技術者証明書も発行した。彼の目的は受刑者の尊厳を尊重し、専門家の手によりきちんと送り出させることだった。ロイヒターは処刑執行人の訓練を続けることにこだわり、そうすることで法的な混乱も最小限に抑えられると主張した。

　履歴書に箔をつけるにはもってこいの訓練には違いない。

忘れられない電気椅子処刑の失敗の数々

　アメリカで行われた電気椅子による処刑には様々な失敗例があるが、ロイヒターによるとその原因は電極の欠陥か電流の不安定あるいは計算間違いにあるという。

　1982年、ヴァージニアのフランク・J・コッポラの処刑が執行された。このときは長い通電が2回行われたが、2回目の55秒の通電で彼の脚と頭から発火し、処刑室には煙と人体の焼ける吐き気のするような臭いが充満した。

　1983年4月22日、アラバマで処刑されたジョン・エヴァンスの場合は、両脚のふくらはぎと頭の電極が正しく装着されていなかったことが問題だった。1回目の通電で脚につけられた電極から火花が散り、炎が上がり、ストラップからはずれて飛んで燃えた。左のこめかみにも火が点いた。医師団が彼の脈を認めたので、電極をつけ直して2回目の通電を行うと今度はくすぶり出して煙を上げた。このときもまだ心臓が動いていたので3度目の通電が必要だった。処刑が済み彼を椅子から降ろすと、焦げた肉片が落ちた。

　アルファ・オーティス・ステファンの処刑はそもそも計画が甘く、失敗するのも当然だった。1984年に行われた彼の処刑は、ジョージア州刑務所の指導のもと最初2分間の通電を行ったが、死亡に至らなかっただけでなく、医師団は彼の生命を確認するために体を冷や

下：1928年アメリカ。司祭が電気椅子に座らされた死刑囚に最後の祈りを捧げている。

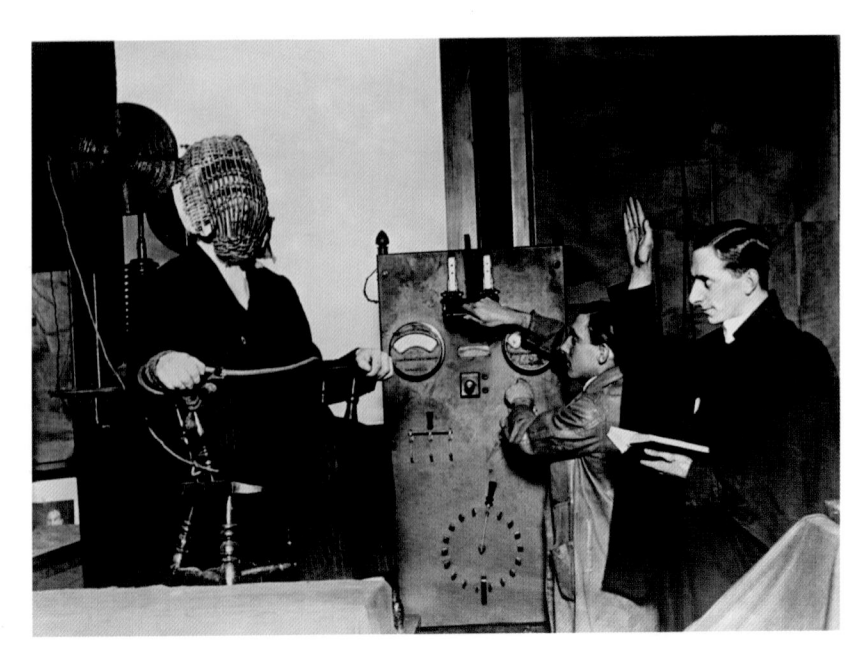

そうと、ストラップにだらりと下げたままにした。診断がつくまでに8分もかかり、その間23回も呼吸があったことを考えると、このときの医師団はかなり無能だったに違いない。2回目の通電で彼は絶命したが、全工程に20分以上かかった。

　ウィルバート・リー・エヴァンスは1990年10月17日、電気椅子に座らされたとき、当然だがかなり不安だったようだ。彼は血圧が上がり、通電されたとたん鼻から血が大量に噴き出し、着ていたシャツを真っ赤に染めた。血が唇の上に垂れると、ジュージューと焼けるような音をたてた。

　処刑時に頭から最も高く炎を上げたのは、1997年フロリダで処刑されたペドロ・メディナだ。彼の頭から上がった炎は高さ12インチ（30センチ）にもなり、不快なガスを噴き出して隣の観覧室にまで入り込み、立会人らが嘔吐した。手動のスイッチで電気を止めるまでに2分ほどかかり、ようやく炎が収まるとメディナは絶命した。ヘルメットが腐食していたか、スポンジが正しく頭にセットされていなかったことが原因だと思われる。

ダニエルズ兄弟

　クレイとウィリーのダニエルズ兄弟は、1955年12月3日の同じ夜にサウスカロライナの刑務所で処刑された。ウィリーは大人しく処刑を受けたが、クレイのほうはそうはいかなかった。

　2人はダニエル・スミスを襲い、彼のガールフレンドをダニエルの車から引きずり降ろして森へ連れていき、そこでレイプしたことで告発された。兄の方が先に暴行し、次に弟に同じことをさせるため彼女を抑えつけた。2人は逃亡したが、警察は現場で茶色の帽子を見つけ、ブラッドハウンドを使って2人を探し当てた。2人の家を家宅捜査すると、被害者のものと思われる腕時計と財布、その他の証拠品が見つかった。

　南部の裁判は往々にして短く、特に黒人の男が被告席にいるときにはなおさらで、このときも例外ではなかった。裁判はたったの5時間で終了し、全員が白人だった陪審員による審議は12分で終わり、被告人は有罪で死刑と評決した。現在でもサウスカロライナで処刑を受ける者の72パーセントはマイノリティーで、80パーセントが30歳以下である。

　しかるべく判決が言い渡されると、ウィリーのほうは「助かればいいな」と最後に一言残して大人しく処刑された。クレイのほうはひと騒ぎ起こした。最初彼は弟と同じように大人しく従うかのようにみえた。しかし電気椅子に座らされた

瞬間に椅子から飛び上がると看守に噛みつき、蹴り、叫び声をあげた。フュラー・グッドマン分署長と2人の警部補がこの男を抑え込もうとし、医師団と司祭は騒ぎに関わらないようにしているのを20人の立会人が見守った。

　クレイは体力を使い果たし、20分後にようやく拘束ベルトを掛けられた。クレイは最後の言葉を述べるチャンスも与えられないまま2回の通電が行われた。最初の2回では足りず、その後3回通電してようやく心臓が止まった。絶命までに24分かかり、電気椅子で最も時間のかかった処刑だった。

ジェシー・ジョセフ・タフェロ

　貧民窟で育ったジェシー・ジョセフ・タフェロ。彼は人を見る目が無かった。身に覚えのない2件の殺人の罪を仲間に押しつけられた彼は、図らずも死刑制度反対運動の象徴的存在になった。

　アメリカの司法は最初タフェロに優しく、何件もの婦女暴行や窃盗罪のかどで申し渡された35年の懲役のうち、7年を務めあげた彼は1976年2月20日に仮釈放された。ジェシーとジェシーのガールフレンド、サニー・ジェイコブス、彼女の2人の子供、そしてジェシーと一緒に仮釈放されたウォルター・ローズは、フロリダのウエストパームビーチに向かう途中、警察官フィリップ・ブラックとドナルド・アーウィンの職務質問を受けた。2人の警官は車の後部座席に銃をみつけ、

全員車の外に出るように言った。

　実際にどの順番で事件が起こったのかはわからないが、はっきりしているのは2人の警官が銃で撃たれたということだ。タフェロとローズとその他の一行はパトカーを盗んで逃走し、その後キャデラックを乗っ取って逃げたが逮捕された。ローズの手には銃を撃ったときのものと思われる火薬が残留し、一方でタフェロの手に残っていた火薬は、発射され

左：現在ウエストヴァージニア州立刑務所に設置されているこの電気椅子で9人の男が処刑された。この電気椅子はもともと囚人の手で組み立てられた。さぞかし囚人仲間に喜ばれたことだろう。

た後の銃に触れて付着したものだったという事実にもかかわらず、ローズは体よくタフェロとサニーの仕業だと言い自分は罰を逃れた。判決が厳しいことから「極刑のダン」とあだ名されていたダニエル・ファッチ裁判官は、サニーとタフェロに死刑の判決を、ローズには3回の終身刑の判決を下した。フロリダには女性死刑囚用の監房がなかったため、サニーは5年間独房で過ごし、その後、終身刑に減刑された。

　タフェロは運が悪かった。1990年5月4日、タフェロはフロリダの「オールド・スパーキー」（訳注：電気椅子の愛称。作動中火花を散らしたことから）に繋がれ、死に至る量の電気を流された。ところがヘルメットには新しいスポンジが電極のまわりに取りつけられていた。天然素材でなく化学繊維でできていたこのスポンジはアーク放電を起こし、また水分を適切に保つことができなかった。最大限の苦痛をもたらすために意図的に仕組まれたとも言われていたが、そうだとしたら目的は遂げられた。午前7時7分、最初の通電がタフェロの頭を透過し、彼の黒いマスクから火花と炎があがった。彼は呼吸を続け、2分後さらに2000ボルトが流された。3度目に通電されると、このときの炎は7インチ（18センチ）もあがり、タフェロは肘掛に爪を立て、皮がむけるまで指をこすりつけ、絶命に至るまで全身を痙攣させた。検死に

オールド・スパーキー

　アメリカのいろいろな博物館で、使用の終わった電気椅子を展示している。ほとんどの電気椅子は、囚人の頭や電極をつけた足首から火花を散らす性質から「オールド・スパーキー」と呼ばれた。例を挙げてみると、アーカンソー、ジョージア、ケンタッキー、フロリダではこの名で呼ばれた。フロリダの「オールド・スパーキー」は今でも使用可能だが、死刑囚を焦がしてしまう酷い事例が多い。テネシーのように電気椅子を「オールド・スモーキー」と呼ぶこともある。部分的に焼かれた囚人が煙を上げるからだ。

よると「タフェロ氏の頭頂は傷で覆われていた。ひどく焼け焦げた部分が1カ所あり、無数の穴が開いていた。右上部は生焼け状態。右下部は広範囲に焼け跡があった。焼け焦げが一番酷いのは左上部で、焦げ跡は私の手のひらより大きかった」ということだった。

　電気椅子はアメリカのいくつかの州では今でも稼働しており、死刑囚は電気椅子か致死注射かを選ぶことができる。このシステムをとっているのはヴァージニア、サウスカロライナ、アーカンソー、テネシーである。

CHAPTER 10

ガス室

20世紀になると、可能な限り苦痛の伴わない処刑方法が模索された。電気椅子が苦痛のない処刑とは言い難いことが証明された頃、ガス室が発明された。しかしこれにはまた新たな問題があった。

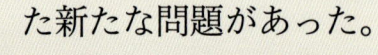

戦時のガス兵器

上：連合国軍の歩兵がドイツ
軍の襲撃に備えている。初期
のガスマスクは扱いづらい上
に効果も薄かった。

　アメリカの司法制度に毒ガスを導入するために、中心とな
って動きだした者の1人が、アメリカ陸軍デロス・A・ターナー少佐だった。彼
は第一次世界大戦中の西部戦線で恐ろしいガス作戦を目にした。戦時に使用さ
れたのは液体塩素とマスタードガスだった。これらを使った有毒ガスは体の内外
に酷いダメージを与え、連合国と同盟国、両者の兵士に大量の被害者を出した。

　大規模な毒ガス攻撃が展開され始めたころの一例が、1915年4月、イーペル
の毒ガス作戦だった。ドイツ軍のGastruppen（ガス部隊）が6,000本の液体塩素
のシリンダーを開栓しフランス部隊に向けてガスを放った。フランス軍は恐慌状
態になり、毒ガスを浴びた者は長い時間苦しみもがいて死んでいった。塩素は目
や肺などの水分を含む臓器に触れたとたんに塩酸を発生させこれらの臓器を侵
食し、失明させ、ゆっくりと窒息させて死に至らしめる。

ホスゲンやジホスゲンは塩素よりもさらに強力で、ガスマスクで防ぐこともできなかった。ジホスゲンは1916年ドイツ軍によりヴェルダンにて初めて使用された。あるイギリス人の看護婦が、患者の兵士がゆっくりと窒息していくのをどうすることもできずに見ていた。

彼はベッドに座って息を吸おうともがいていました。唇は紫色に変わっていました。彼は堂々とした体格の若いカナダ人で、塩素による窒息が致命的でした。ハアハアと息をしながら私を見て「死ぬわけにはいかないんだ！　どうにかしてくれないか？」と言ったときの彼の目を私は一生忘れられません。

医師たちは、新型の武器に肺を破壊された兵士たちに対し、なすすべがなかった。戦争も後半になると、これら初期の大量破壊兵器の配備に工夫が施されるようになったが、初めのころは風任せで、敵の塹壕地に向けてガスを排出するのにちょうどいい向きに風が吹いたところで、ガスの入った大きなシリンダーのバルブを開栓した。ガスは地上の砲弾あとの穴や塹壕に溜まるので、兵士たちはガスから逃れるために地上に出てきた。また毒ガス弾を空に向かって打ち上げることもあり、連合軍兵士にとって安全な場所は無いに等しかった。ときには時限装置を取り入れ、

攻撃が終了したものと油断した兵士たちに向けて毒ガスを噴出させ、大量の犠牲者を出した。

毒ガス作戦に対抗するため、連合国側のイギリス軍はチャールズ・ハワード・フォークス少佐のもと独自の研究を始めた。マスタードガス、ホスゲン、青酸ガスなどを使って、イングランド、ウィルトシャーのポートンダウンにある軍の化学兵器研究機関で実験を行った。

マスタードガスは特に毒性が強く、湿り気を帯びた肌などの組織に触れると火傷したような水ぶくれを起こす。のちに開発されたガスマスクにより、油質成分が体内に吸い込まれるのは防げるが、依然として表皮や脇の下、鼠径部

左：前線地帯は荒れ果て、大気も大地も毒ガスに汚染された。一帯に入るには動物は――犬や馬も含め――ガスマスクが必須だった。

などに被害を与える。ガスを浴びても24時間は症状が出ないので、ガスを浴びたことにすら気づかぬまま酷い症状が出ることもあった。少量のガスを浴びた場合は目や喉が炎症をおこし咳やくしゃみが出るにとどまったが、大量のガスを浴びると、失明したり重度の火傷を負い水疱ができたり、嘔吐の症状などを引き起こし、ひどいときには肺の組織が水疱の塊になってしまい、血管を通して酸素を体内に送ることができずに死に至ることもあった。

上：このイギリスのスピゴット式の爆弾のように、ガス爆弾は高性能爆薬を併せて搭載している。爆薬が塹壕の外を破壊し、ガスは塹壕のなかの兵士を殺害する。

　もう1人、戦場で目撃したことに強い衝撃を受けたイギリス人看護婦がいる。ヴェラ・ブリテンは西部戦線を志願した看護婦の1人だった。彼女の世代が皆そうだったように、最初彼女は新時代の戦争の英雄的な側面だけを見て興奮した。しかしすぐに夢のような考えは消えた。ブリテンは2つの問題を特に難しく感じていた。1つは不具になった兵士の両親にどう伝えるか、そしてもう1つがマスタードガスの被害を受けた兵士の治療だった。彼女は、兵士たちの皮膚が化膿してマスタード色の膿がたまった水疱でいっぱいになっている様子や、汚い粘液で瞼がくっついて目を開けることができない様子、また狭まっていく気道を通して呼吸をしようともだえる様子を細かく書き記した。息が詰まって死んでいく直前、一言二言絞り出すのがやっとな者もいた。ブリテンはこの時の体験を記した自叙伝『A Testament of Youth（若き日の回顧録）』を1933年に出版した。（訳注：2015年公開の映画『戦場からのラブレター』の原作）

毒ガスによる処刑

青酸ガスを最初に取り入れたのはドイツで、ポーランドのアウシュビッツのガス室で使用したのが初めだった。青酸ガスは「Zyklon B」（ツィクロンB）と呼ばれ、ガス室に放出すると毒ガスは囚人の粘膜や粘液に染み込み、その後血管に入って体内をめぐり呼吸困難を引き起こす。猛毒のガスが体内への酸素供給を滞らせ、人体は新陳代謝を停止する。

毒ガスに対する初期反応は、哺乳類が長い時間をかけて進化するなかで研ぎ澄まされてきた。動物や人間は嫌なにおいをかぐと、その場から逃げる前にまず息を止める。密閉されたガス室では──アメリカの刑務所であろうと、ナチスの強制収容所であろうと──それは不可能だった。囚人は15秒か20秒のうちには呼吸し、ガスを吸い込むしか道が無いのだ。

生命を奪う青酸（ツィクロンBの有効成分）を吸い込んでも、瞬時に意識を失うわけではなく、心臓発作やてんかんの発作のような症状が出ることが報告されている。過呼吸によるめまいを起こすこともある。囚人が意識を失うまでに通常2分から3分かかる。気を失う前、囚人は涎を流し、首を絞めつけられているかのような様子を見せる。眼球は飛び出し皮膚は紫色になる。低酸素症が起こり全身が酸素不足に苦しみはじめ、四肢が動かなくなり、その後激しい痙攣が起こる。普通はここで膀胱と腸のコントロールがきかなくなる。やっと意識を失うことができてから12分以内にすべての生命兆候を失う。

左：アウシュビッツのガス室。アウシュビッツの所長だったルドルフ・ヘスは初めてツィクロンBを使用した。他、トレブリンカなどの強制収容所は一酸化炭素を使用していた。

史上最も健全な処刑装置?

　1921年、ネバダ州議会は何種類かの毒ガスを掛け合わせたものを処刑に使用することで合意した。これは苦痛のない処刑を意図してのことだった。ペンシルバニアのドクター・クリス・ラングは苦痛もなく瞬時に絶命させる毒ガスによる処刑は、死刑囚が怖れることなど何もなく、自分のベッドで何の苦しみもなく老衰で死んでいくのと同じだとすら書いている。

　ターナー少佐は、ガスを瞬間的に絶命させるような性質に変化させる提案をして処刑の科学に貢献した。科学者たちはこのアイデアを早速取り上げ、アメリカ中の実験室で猫や犬が青酸（シアン化水素）を使って安楽死させられた。

　ネバダでは当局が、中国マフィアのメンバーで殺人犯のジー・ジョンを毒ガスによる処刑の第1号にすることに決めた。彼は1924年2月8日、ネバダ州のネバダ州立刑務所で処刑された。最初は毒ガスをパイプで直接ジーの独房に噴霧することを考えたが、それには明らかに問題があった。処刑後ガスを素早く安全に抜き出すことが難しいし、他の囚人がうっかりと毒ガスを吸引してしまう危険性もあった。

下：ネバダ州ラス・ヴェガスのガス室はまるで観光名所のようだ。人々は1933年の妻殺しレイ・エルマー・ミラーの処刑を見物している。

上：ワイオミング・フロ
ンティア刑務所のガス室。
設備が老朽化すると、ゴ
ムのシーリングの気密性
を高めるために、ワセリ
ンをたっぷり塗った。

そこで暫定的なガス室が用意されたが、古い石造りの建物は、もと
はと言えば刑務所の床屋だった場所で、できる限りガスが漏れないよう
に工夫してから部屋を2つに区切った。1つの部屋には2台の処刑用の
椅子が設置され、もう1つの部屋は関係者が立ち会う部屋にした。ジ
ーの処刑に使用するのは、畑の作物や柑橘類などを燻蒸消毒するため
の青酸がいいだろうということになった。それをカリフォルニア・シア
ニド・カンパニー社製の既成の噴霧器を使って撒くのだ。ところが問題があった。
毒ガスを電車でネバダまで運ぶのは不可能だったのだ。そこで刑務所の看守の助
手の1人が妻を連れてトラックに乗りロスアンジェルスまで1回分の青酸を仕入れ
に行った。

ジーは最後の食事を選ばせてもらえず、スクランブルエッグとベーコン、トー
スト、コーヒーの朝食が与えられた。当然ながらジーに食欲はなく、あばれ泣き
わめきながら刑務所の庭を通って、改装された小屋まで引っ張っていかれた。椅
子に縛りつけられ、隣の部屋には刑務所の役人や報道記者、政治家、医師など、
30人が立ち会った。

初めてのガスによる処刑は初めから不手際だった。液化青酸を気化するには
気温を摂氏20度以上に保たなければならない。液状の薬品を温めて気化し噴霧

用の機械に取り込む仕組みだ。ところが処刑当日はことのほか寒い日で、しかも暖房の調子も悪かった。ポンプから出た青酸はジーの足元に液体と気体が混ざった状態で撒かれ、彼の目の前に死の水たまりを作った。

　ジーはすぐに頭を前方にがっくりと倒し意識を失ったかのように見えたので、最初なんの問題もないように思われた。ところがそのあと、怯え切った立会人たちの目の前でジーは頭を前後に揺さぶり始め、6分ほど呼吸を続けた。

毒ガス処刑専用施設

　気密度の高いガス処刑専用の部屋を作る必要があることがはっきりした。ユタ州のソルトレイクシティにある、イートン・メタル・プロダクツ・カンパニーはガス処刑専用の建物の建設と、使用に関する「安全の手引き」の作成を委託された。猛毒の青酸ガスを発生させるには、硫酸を溶かした液体に青酸カリウムを投入する方法をとることにした。この方法で発生させたガスは瞬時に命を奪うと信じられていた。1936年、初めてこのガスを使って処刑されたアレン・フォスターの身に起こったことで、この説は楽観的に過ぎたことが証明された。彼は絶命するまでに11分もかかり、彼が悶絶するのを目にした立会人たちは、より「人道的」な選択として電気椅子を復活させるよう要求した。

　合衆国内のガス室は、基本的にどこも同じ設計になっている。広さは縦横およそ8フィート（2.5メートル）で、そのなかに1　下：ミズーリ州立刑務所のガス室

台か2台もしくは3台の椅子が床の上に直接ボルトで留められている。天井の高さは9フィート（2.75メートル）ほどで、淡い緑色などの目立たない色でペイントされている。ガス室の入り口には潜水艦のようなドアがついていて、ドアの縁には密閉用のゴム素材が取りつけられ、大きな丸いハンドルを回してドアを密閉する仕掛けになっている。他に潜水艦と共通するのは、部屋の片側に取りつけられた大型の防弾ガラスだ。このガラス窓から当局が処刑を観察する。電気椅子や致死注射と違うのは、囚人がしっかりと椅子に縛りつけられた後に開けられる厚い布製のカーテンが無いことだ。布のカーテンの代わりにプラスティックのカーテンが使われた。毒ガスが繊維に染み込み、あと始末の際、残留物が危険だからだ。同じ理由で囚人は処刑前には髪を刈られ、ポケットのついていないシンプルな服を着せられる。観察用の窓も含めつなぎ目はすべて鋲止めし、溶接され、ワセリンをたっぷり塗ってガスが漏れるのを防いだ。ガス室内の気圧は一定に保たれ、照明器具は可燃性のガスに引火しないよう取りつけ部分をカバーした。ガス室の隣は同じくらいの大きさの部屋で、処刑用の道具置き場になっていた。

　その他にも職員の安全を守るための機材がガス室内に取りつけられていた。液柱計という、ガラスの管に水銀の入った圧力計でガス室内の圧力を測り、ガスの漏れがないことを確かめた。またフェノールフタレインを入れた小瓶が壁に取りつけてあった。この薬品が赤に変わるとガスが抜けたということになる。ガス室の天井には大きなファンが取りつけられ、処刑が完了するとガスを抜くようになっていた。ガス室自体に温度コントロールシステムが設置されており、常時室温を26度に保った。この温度は青酸が気体を維持するのに最適な温度で、液化して危険な水たまりを作るのを防いだ。

　囚人が縛りつけられる椅子の下には、硫酸とぬるま湯を4対7で混ぜた液体を入れるボウルが置いてあった。その上にある空の容器は、青酸ナトリウムの粒を入れるもので、その粒を硫酸の液体に落として青酸ガスを発生させる。

左ページ：ジェファーソンシティにあるミズーリ州立刑務所に設置されたこのガス室は、同時に2人の囚人の処刑ができる。

　布のカーテンは、毒ガスが繊維に染み込み、後始末の際、残留物が危険だ。同じ理由で囚人は処刑前には髪を刈られ、ポケットのついていないシンプルな服を着せられる。

ガス室使用のための段取り

　ガス室はアメリカのいくつかの州で依然として使用されている。毒ガスを扱うのは極端に危険な行為なので、処刑前後の手順は厳しく定められている。処刑前にはしっかりと密閉を確認し、パイプ、ファン、配管もすべてチェックされ、ガス室内の圧力も確認される。立会人には、ガス漏れがあったときのために緊急用の吸入器と応急処置用の道具一式が用意され、救急車も待機した。

　死刑囚はガス室となりの控室に連れてこられ、自殺防止のために2人の看守が毎日24時間体制で監視する。最後の食事は、囚人が要求したものが用意される。南部の州で最もよく選ばれるのは——ご想像通り——フライド・チキンとつけ合わせだ。

上：この写真のように潜水艦のドアを密閉する技術が使われ、毒ガスが漏れて刑務所の所員に被害を与えないようにした。

右ページ：1936年、アリゾナ州立刑務所のガス室におけるジャック・サリヴァンの処刑を準備する処刑執行人たち。処刑を前にしてサリヴァンは葉巻を吸い微笑んでさえいた。

1992年に処刑されたロバート・アルトン・ハリスは21ピース入りのケンタッキーフライドチキンとLサイズのピザ2枚（おそらくホット＆スパイシー）、ペプシ6缶、ジェリービーンズ、そして事前に窒息をはじめるつもりだったのかキャメルを1箱要求した。フィルターつきだったか両切りだったかの記録はない。

　囚人は簡素な白いシャツ（上半身には何も身に着けない者もいた）とポケットのないズボンを穿かされ、裸足でガス室に入る。これはすべて毒ガスが溜まる場所を作らないためだ。死刑囚の胸には聴診器と心拍計が取りつけられ、医師がガス室内に入らなくても死亡の確認ができるようになっている。

処刑の儀式

　体毛を剃られ頭の毛を刈られると、囚人はガス室に入れられ、座面に穴の開いた椅子に座らされるが、その座面の穴の下には無害のように見えながら殺傷能力のある青酸ナトリウムの粒が待ち受けている。胸、足首、腿、腕などにストラップをかけ、ガスを吸い込むとすぐに始まる痙攣やひきつけを最小限にとどめるためにできるだけきつく縛る。聴診器と心拍計はラインでガス室の外につなぎ、医師団が囚人の状態をライブ映像で見られるようにした。生命兆候が途絶えたのを確認し死亡を宣言するのが医師の役割だった。準備が整い看

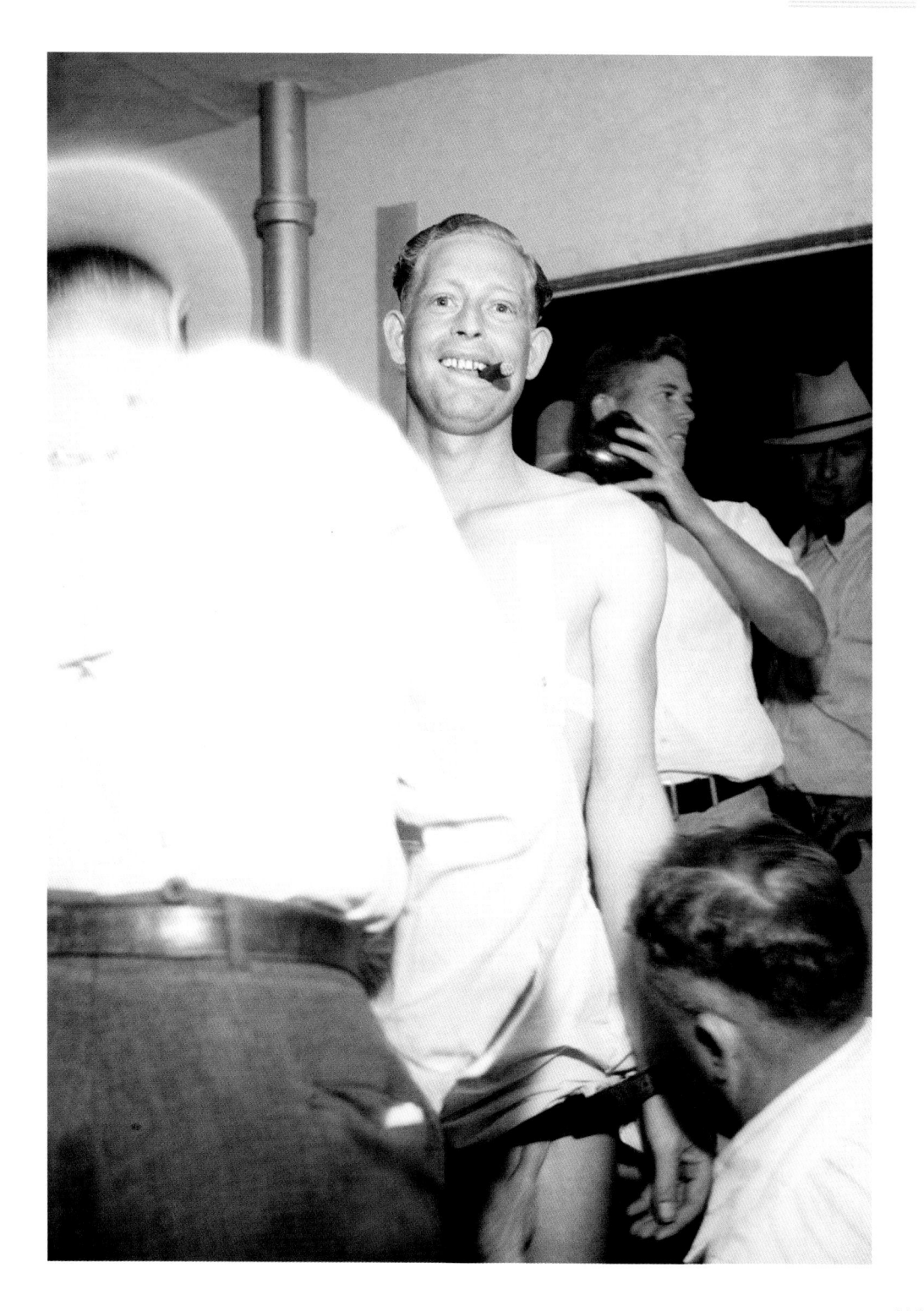

上：このガス室は現在、フロリダ、マイアミビーチの博物館に警察関係の遺物として展示されている。

守が退出すると大きな金属製のドアが閉じられ、車輪のようなハンドルを回してゴムの縁でドアがしっかり密閉されるまで締めた。

ドアが密閉されたところで処刑が始まる。まずは水で希釈した硫酸を、ホースを通して囚人の椅子の下に設置されたボウルに注ぐ。この時点で、関係者が処刑の進行を見届けられるようにカーテンが開けられる。報道陣や死刑囚の家族、検察、弁護士などが立ち会う。囚人は最後の言葉を述べる機会が与えられる。

最後の言葉が述べられると処刑執行人に合図が出される。処刑執行人の仕事は、青酸ナトリウムの粒を硫酸液のなかに移し入れることだ。安全装置を外してレバーを押すと、死の錠剤が液体のなかに落ちていく。硫酸の希釈液と青酸ナトリウムが混合されると青酸ガスが発生し、どんよりと柱状に立ち昇りガス室に充満する。

遺体も依然として危険だ。遺体の髪をよく払い、胸を押して肺に残っているガスを押し出し、衣服は脱がせて焼却する。

処刑の後

　毒ガスは揮発性なので、看守が囚人の遺体をガス室から運び出すときには、うっかりと毒を吸い込まないように特別な予防策が必要だった。立会いの医師が囚人の死亡を宣言すると、強力なファンを使って青酸ガスを吸いだし、刑務所の他の施設から遠く離れた巨大な煙突を通して外部に排出する。その後新鮮な空気を取り込み、また排出する。これを5回繰り返し、毒ガスを徹底的に抜く。清掃部隊が酸素ボンベを背負い酸素マスクをつけ、危険物取扱用のスーツを着て、まるでSF映画から飛び出してきたような姿でガス室に入る。清掃用の薬剤は無水アンモニアを成分とし、毒ガスと同じぐらい危険な薬品だ。毒を中和するためにその薬剤をガス室中にくまなく撒く。すべての道具や壁面まで徹底的に洗浄する。遺体も依然として危険だ。遺体の髪をよく払い、胸を押して肺に残っているガスを押し出し、衣服は脱がせて焼却する。

処刑を望んだ男：デービッド・メイソン

　デービッド・エドワード・メイソンは幼時体験から心に深い傷を負っていた。彼の両親は徹底的なキリスト教原理主義者で、子供のデービッドを年中殴って虐待し、罵って心理的な虐待も加えた。彼が初めて自殺未遂をしたのは5歳のときだった。火に対する異常な執着もみせるようになった。何もかもがうまくいかない人生を送り、自殺未遂も25回繰り返したが死ぬことすらままならなかった。彼を管理するために両親は「地下牢」と呼ぶ部屋を作り、ドアと窓にはカギを取りつけた。デービッドは夜尿症があり下着を汚してしまうこともしばしばで、そんなとき彼の愛すべき両親は、汚れたパンツをデービッドの頭に被せた。デービッドは8歳の時にPTSS（心的外傷後ストレス障害）と診断された。1980年、メイソンはとうとう殺人事件を起こした。寝入っていた彼の男の愛人も含めた4人を殺害した。

　4人の殺人で死刑判決を受けた彼は、1993年8月にカリフォルニアのサン・クエンティン州立刑務所で処刑されることになった。彼は死刑を待ち望んでいるかのように見えた。処刑前日はすっかりリラックスした様子で静かにテレビを観て、無制限に使える電話で家族や友人と話をした。自殺未遂を数知れず繰り返した彼にとって処刑は「おまわりに手伝ってもらう自殺」だった。彼は、上訴して依

頼人の命をせめてあと3年永らえてやろうとする弁護士を首にした。弁護士を首にする法的権利を得るために連邦裁判所に出廷し、自分の犯した罪は凶悪で死刑が妥当であると自ら主張した。

彼は事あるごとに死刑宣告に対して再審を請求できると助言された。ガス室に入れられ処刑用の椅子に座ってからですら、このまま死刑を執行するかどうか確認されたが、彼の死にたいという気持ちに変わりはなかった。処刑の2分前には連邦裁判所がサン・クエンティン州立刑務所に電話をよこし、メイソンが死刑中止を要求したときのために彼の弁護士が立ち会っているかどうかを確認した。刑務所の看守ダニエル・バスケスまでもがガス室に入り、すでに椅子に縛りつけられている囚人に、気が変わってここで処刑をやめにしたいと思っていないかと聞いたのだ！「いいえ、大丈夫です」メイソンは答えた。「このまますすめてください。ありがとうございます」。午前12時9分、ガスの噴出が始まり14分後に彼

報道記事や目撃者が、死刑囚は死に至るまで長い時間苦しんだと証言しているにもかかわらず、司法側は囚人がガス室で受ける苦痛をもみ消し、ガスによる死刑は「速やか」であると主張した。

の死亡が確認された。最後に看守に対して発した丁寧な受け答えだけでなく、メイソンは手数を掛けたくないと最後の食事を要求することもせず、最後にコップ1杯の水だけ飲んだという。

せっかちな女：バーバラ・グラハム

バーバラ・グラハムは老女殺害のかどで処刑を待つ間、称賛に値するほど気丈さを保った。洒落たベージュのスーツを身に着け、茶色の靴を履き、隙のない化粧をした（もちろん一連の決まり事として、ガス室に入る前には見事な装いも脱いでしまわなければならなかったが）。処刑前に彼女は言った。「こういった状況では、呻いたり許しを請うたり、言い訳したりするものじゃないわ。何よりも女性らしくあるべきなのよ」。しかし当局の無神経のせいで彼女の決意は崩れそうになった。彼女は午前10時にはすっかり準備が整っていたが、直前に上訴され

時45分まで死刑執行が伸びた。10時43分、彼女が処刑用の椅子に向かって歩き出すと、死刑執行の時間がもう1度延期された。「いやがらせなの？　私は10時には準備ができてたのよ」。11時30分になってようやく処刑用の椅子についた彼女に、看守がガスで苦しまないように深呼吸をしておくように言うと「なんだってあなたにそんなことがわかるの？」とぴしゃりと言い返した。

上：処刑前日、サン・クエンティンに連れていかれるバーバラ・グラハム。彼女の2人の共犯、ジャック・サントとエメット・パーキンスはグラハムの2時間後に処刑された。

ガス室の不運な事故

アレン・フォスター

　1936年、19歳のアレン・フォスターはコロラドで初めてガス室送りになった男だ。婦女暴行のかどで死刑を宣告された彼の処刑は、あまりにも惨たらしく、初めて採用されたこの処刑方法はもう二度と採用されるべきでなかった。30人の立会人が、彼が背もたれの高い椅子に縛りつけられるのを見ていた。粒状の薬品が硫酸液のなかに落とされるとフォスターは、灰色の煙が濃い霧のように顔に向かって上がってくるのを見ていた。煙が顎の高さまで上がってくると彼はそれを吸い込み、口をバーイと言うように動かして微笑もうとした。その瞬間、苦しみ

上：ガス室はしっかりと密
閉されることが最も大切
だったので、大勢が見守
ることができる大きな窓
を作るのは不可能だった。

が始まった。彼は目を大きく見開き頭を後ろに引いた。身震いしなが
ら息を吸おうと喘ぎ、胸を膨らませ、嘔吐しようとし、体を締めつけ
るストラップのなかでのたうち回った。フォスターは頭を前後に激し
く揺らし、最後に彼の体はまっすぐ上に伸びて、目は遠くを見つめ、
そのまま気を失った。

　　　この処刑を目撃した人は、この「慈悲深い」処刑がいかに無情で
残忍であるかを目の当たりにしてショックを受け、関係官庁にはたくさんの意見
書が届き、ガス室を廃止して電気椅子処刑を再開することを求めて嘆願書が提
出された。最終的にガス室は2000年に撤去され、地元の博物館に展示されること
となった。

ジミー・リー・グレイ

　ジミー・リー・グレイは1983年、ミシシッピのガス室で処刑された。この処刑で250ドルの報酬を得た処刑執行人T・ベリー・ブルースがグレイに同情のひとかけらも寄せていなかったのは明らかだった。グレイは誘拐、男色、そして３歳の女の子殺害の罪を犯した。ブルースはこの囚人のことを何度か「くそやろう」と呼んでいたので、囚人を苦しめるためにわざと不手際をしたのではないかとさえ言われた。処刑時ブルースは酒に酔っていたとも言われている。

　グレイには青酸ガスに対する特有の反応が見られた。激しく身震いし、息を吸おうと喘いだ。彼は発作のような身震いを11回繰り返し、その後頭を激しく前後にばたつかせ、椅子の背の金属製のポールに頭を打ちつけた。グレイは拘束ベルトを外そうとしてもがき、唸り声があまりにも大きかったので、怯え切った立会人たちにまで聞こえた。立会いの医師がグレイの心拍を測り、粒状の薬剤を硫酸に投入しはじめた午前12時10分から８分後、彼の心拍が停止したことを告げた。しかし実際には彼の処刑はかなり時間がかかったようだ。立会っていた人は外に出るよう言われたとき、グレイはまだ息をしようと苦しみもがいていたと証言した。12時18分から12時47分の間に一体何があったのか、看守以外誰も知る由もない。

ドナルド・ユージン・ハーディング

　1992年ドナルド・ユージン・ハーディングに執行された中途半端なガス処刑は目撃者に大きな衝撃を与えた。なかには何週間も眠れなくなって病気になり、ほとんど食べて寝るだけの植物状態になってしまった報道記者もいた。典型的なPTSSの症状が見られた。大悪党の殺人犯ハーディングにはカウンセリングなど何の意味もなさないにせよ、彼の処刑の目撃者たちには明らかに専門家のカウンセリングが必要だった。

　最初はすべていつもの通りに運んでいるように見えた。ドナルド・ユージンは1992年４月６日、月曜日、ちょうど日付が変わるころフローレンスにあるアリゾナ州立刑務所のガス室に連れてこられた。彼をナイロン製のストラップでしっかり縛りつけると看守はガス室の外に出て、大きな車輪のようなハンドルを回して圧力調整されたガス室を密閉した。レバーを操作し青酸ナトリウムを硫酸液のなかに落とすとガスの柱がたちはじめ、ハーディングを包み込んだ。彼はガスを吸い込む直前に地方検事に向かって毒づき、指でファックサインを送った。

そこから10分間の地獄が始まった。彼は拘束ベルトを引きちぎろうとし、ロブスターのように真っ赤になって喘ぎ、何か言うように口をパクパクさせた。彼の心拍数は1分当たり140から30までいったん落ち、そのまま速やかに死亡するかのようだった。しかし何と1分あたり60までもちなおし、彼の心臓は午前12時18分、ガス噴出から18分後まで動き続けた。

ジョン・ギルバート・グラハム

ジョン・ギルバートは母親のデイジー・キングや生後18カ月の赤ちゃんを含む44人を殺害した。実の母親の手で孤児院に入れられたジョン・ギルバートは、そのお返しに母親に素敵なクリスマスプレゼントをして驚かせようと思った。1955年も暮れようとするころ、母親がコロラドのステープルトン空港から旅立つ準備をしているときに、彼は2つのことをした。まず母親に3万7,500ドルの生命保険を掛けた。次に14ポンド（6.5キロ）のダイナマイトと起爆装置をクリスマス用の包装紙で包み、母親のスーツケースに入れた。飛行機は離陸後数分で爆発し、5人の乗員と39人の乗客が死亡し、機体は地面に墜落してその破片は2マイル（3キロ）四方に飛んだ。捜査によりデイジー・キングのスーツケースからダイナマイトの痕跡がみつかり、グラハムの存在が浮かび上がってきた。

下：サンタフェのニューメキシコ刑務所にあるこのガス室のなかを、これから目にする囚人はもういない。ニューメキシコでは2009年死刑制度が廃止された。

1957年1月11日、グラハムの処刑の日がやってきた。彼は青酸ガスが立ち込め彼の裸の上半身にまとわりはじめるとできる限り息を止めておこうとした。グラハムはとうとう堪えきれなくなり息を吸うと、ゲーゲーとのどを詰まらせながら頭を左右に激しく振り、甲高く、長い恐ろしい悲鳴をあげた。

上：ミュンヘン近くのダッハウ強制収容所は、当初、強制収容所として建設されたわけではなかったが、夥しい数の人々がここで非業の死を遂げた。

ガス室の終焉

アメリカの司法団体はとうとう毒ガスによる処刑は「惨く、異常な刑罰」になりえるという事実に目を向けた。1994年サンフランシスコにおいて、ガス室の使用は人権に反すると裁定された。そのうえ第二次世界大戦以前に製造された古いガス室は老朽化が進み危険性が高まっている。密閉性が弱りガス漏れの恐れがあり、パイプは腐食してガスの噴霧力も弱まってきている。だからといって新型のガス室を新しく入れるには法外な経費が掛かるので、多くの州ではガス室の使用をやめて仕舞い込むか博物館に寄贈したりしている。

致死注射

死刑囚が電気椅子やガス室で受ける「尋常ではない痛みと苦しみ」がアメリカの社会問題となり、より人道的な処刑の模索がさらに進められた。現在、致死注射は望ましい処刑方法としてアメリカの37州で採用されている。

科学の力

　電気椅子やガス室を使った死刑は1972年に完全に禁止された。アメリカ合衆国憲法、修正第8条「冷酷かつ非道な処罰の禁止」に抵触する憲法違反であると裁定されたのだ。1976年にはこの裁定は覆され死刑制度は復活した。「冷酷かつ非道な処罰」の問題を、オクラホマの共和党員ウィリアム・J・ワイズマンは科学の力で解決しようとした。彼は致死注射を苦痛なき処刑であると信じ、州の検死官長ジェイ・チャップマンがワイズマンに協力し、チャップマン式と呼ばれる致死注射の手順を発案した。彼が提案したのは、まず死刑囚の腕に生理食塩水を点滴し、そこにバルビツール剤などの睡眠剤を点滴で追加、次に体を麻痺させ動きを止める薬剤を点滴、最後に3番目の薬剤で心臓を止める方法だ。この方法はオクラホマ州で承認され、テキサス州もこれを取り入れ、1982年、チャールズ・ブルックスの処刑で初めて採用した。ワイズマンは「囚人は痛みを感じず、痙攣することもなく、いかなる臭いも音も無く、そのまま眠り、その後死に至る」と信じていた。

下：ハンツビルにあるテキサス州刑事司法省の「処刑室」では1982年以来少なくとも532人が処刑された。

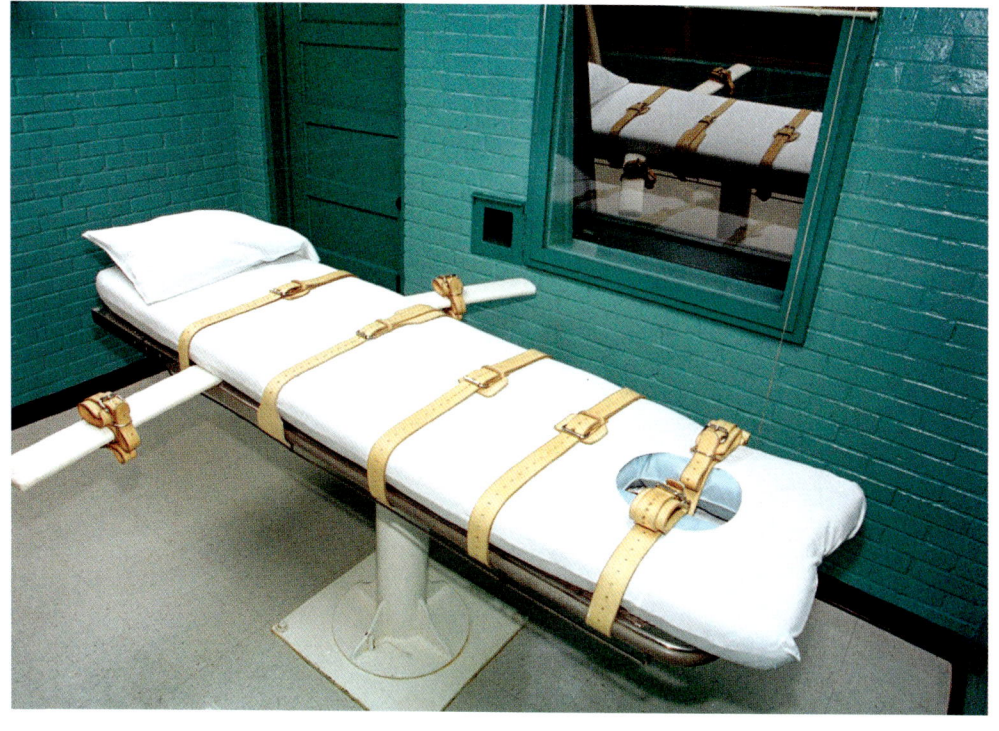

致死注射装置、第1号

　フレッド・ロイヒター（P185〜189参照）は、1979年、最初の近代的な致死注射装置を開発した。この装置は二部構成で成り立っていた。

　1つ目は制御装置だ。処刑執行人がタイミングよくスイッチを入れたり切ったりし、3種類の薬剤を1種類ずつ注入するようにできていた。このスイッチは2つあり、2人の処刑執行人がスイッチを入れることになっており、どちらがダミーのスイッチを入れたのか、どちらが実際に薬剤を投与したのかわからない仕掛けになっていた。どちらのスイッチを実際に注入装置に繋ぐかは、随時コンピューターが無作為に決めていた。機械が動き始めると、別々のピストンがそれぞれのシリンジに入った薬剤を押し出すたびに、制御装置に並ぶライトが光る。この装置には2段階の予備スイッチが備えつけられていた。薬剤が自動的に注入されなかった場合、処刑執行人は手動スイッチに切り替える。これもうまく作動しないときには手動のレバーを操作した。ここでもやはりレバーは2つあり、実際に2つのうちどちらが注入装置に繋がっているのかはわからないようになっていた。

　注入装置には、3種類の薬剤が入った3本のシリンジと、次の薬剤に移る前にチューブを洗浄するための生理食塩水が入ったシリンジが3本備えられていた。ロイヒターのこの処刑装置は非常に信頼性が高く、17の州が死刑のために買い入れた。ロイヒターは医学や技術を専門に学んだわけではなく、この装置も自宅のガレージで製作したことを考えると、驚くべき大成功と言えるだろう。ロイヒターの致死注射装置は現在の致死注射装置の原型ともいえ、一部では今でも使用されている。

薬剤の混合

　致死注射では、伝統的に3種の薬剤が死刑囚に注入される。まずはチオペンタール・ナトリウム麻酔を大量に注入して死刑囚の意識を無くす。——一般的な手術時の使用が体重1キロに対し3ミリグラムなのに対し、体重1キロ当たり5ミリグラムを投与する。生理食塩水でチューブを洗い流し、次にパンクロニウム・ブロミド100ミリグラムで筋肉を麻痺させると肺が虚脱し窒息をおこす。最後に塩化カリウムを注入して心臓を止める。

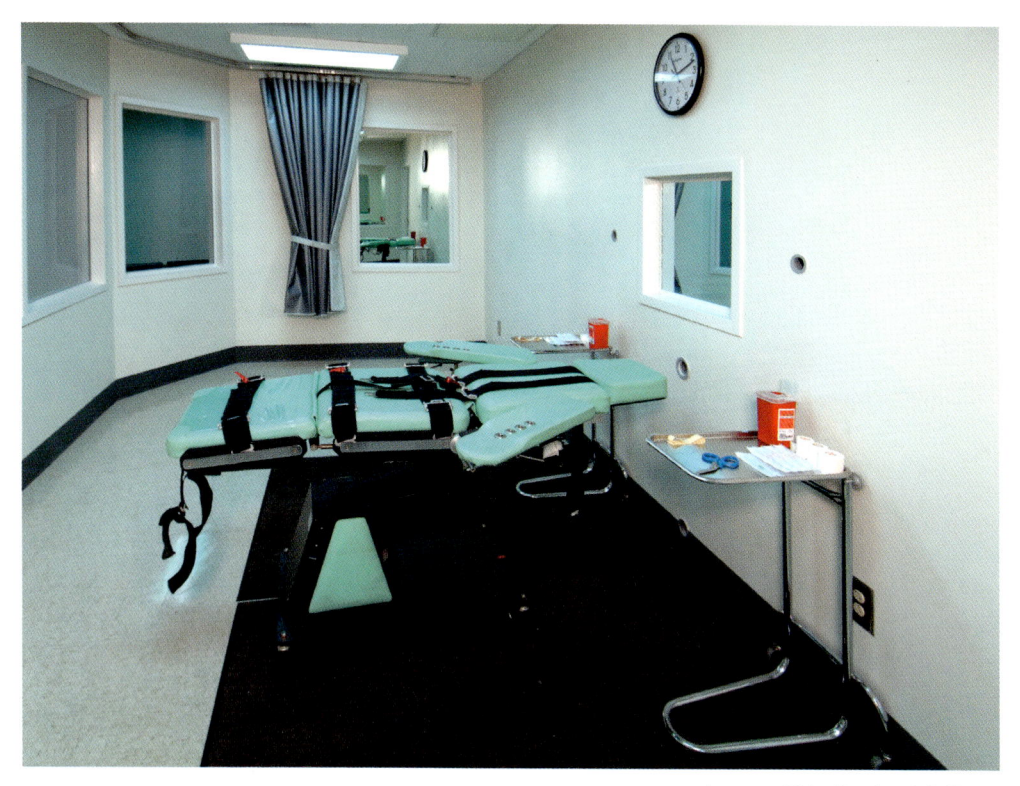

致死注射刑の手順

　死刑囚が拘束される担架は、病院で使用する一般的な担架に
少し手を加えたものだ。右側の上部には薬剤を注入するための
点滴用のスタンドが備えられている。両サイドそれぞれに手足を拘束するための
ナイロン製の拘束ベルトが4本かそれ以上ついており、面ファスナーで留めるよう
になっている。それに加えて通常のバックルのついた丈夫な革のベルトも装備され、
これで暴れたり抵抗したりする囚人の胴体を抑えつける。死刑囚は折りたたんだ
毛布の上に横になり、全身をシーツで覆って拘束器具を隠し、顔だけを出す。

　多くの司法管轄区で、以前はガス室や電気椅子処刑に使用していた部屋で致
死注射刑を行っていたので、シーツやカーテンを使って古い処刑道具を隠し、致
死注射用の担架を置いた位置から見えないようにした。処刑当日、死刑囚は司祭
から祈りを捧げられ、最後の食事をとる。処刑室に連れてこられると、心拍計が
胸に取りつけられ、腕に薬剤を注入するためのカニューレを挿入され、反対の腕
にも予備の点滴が挿入される。

上：この最新式の処刑設備は
カリフォルニア州司法省によ
り2010年に建設された。壁
に見える穴からは静脈点滴や
心拍計のコードが通される。

致死注射に関わる尋常ではない痛みと苦しみ

　アメリカで最初に致死注射による処刑を受けたのはチャールズ・ブルックスで、彼の処刑は1982年12月7日に執行された。この時の処刑は、ハンツビル州立刑務所の処刑室で何の滞りもなく執り行われ、新しい処刑方法にとってはよい前兆を示した。27の州がすぐに追随した。しかしながらすべてがうまくいったわけではない。

　致死注射の執行は他の処刑方法に比べて簡単に見えたが、「尋常ではない痛みと苦しみ」の問題が振り出しに戻ってしまう理由はそこにあった。たいていの処刑執行人はおざなりな医療訓練しか受けていなかった。あるケースでは処刑執行人がうっかりと針で静脈を突き通してしまい、肉に針が刺さり焼けつくような酷い痛みを与えてしまった。最悪の事態になると薬剤の注入が完全に止まってしまうこともあり、処刑執行人は半分意識の残っている囚人に針を刺し直そうとしながら慌てふためくのだった。処刑執行人は静脈を探すだけで必死なこともあった。——例えば囚人が薬物濫用者の場合など——さらに、確かに針が刺さったとしても、薬剤が注入されると圧力で静脈が虚脱することもあった。肥

下：司祭が33歳で処刑されたマニュエル・マルティネスに最後の祈りを捧げている。司祭は多くの囚人の人生の最期に寄り添った。

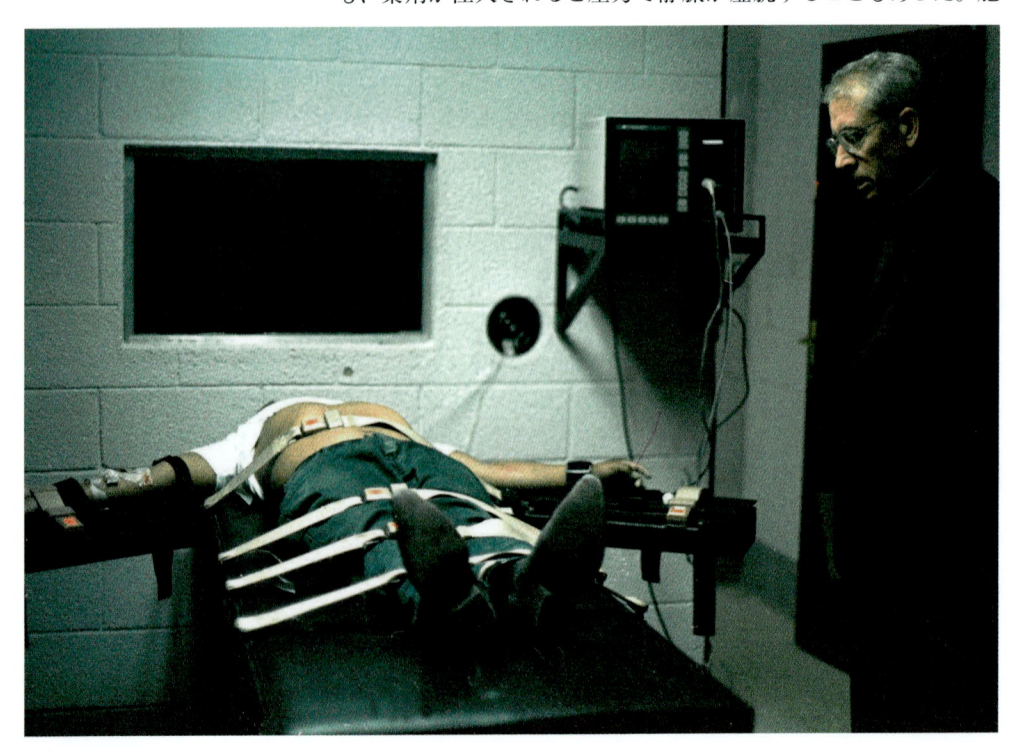

満も静脈を見つけにくくする要因だった。1985年、連続殺人犯ステファン・モーリンの場合は、45分もかかってやっと適当な静脈が鼠径部に見つかった。1986年ランディ・ウールズの場合は、慣れない処刑執行人がどうしても静脈を見つけられず、囚人が自ら静脈を探す始末だった。運が悪かったのがクリストファー・ニュートンで、体重265ポンド（120キロ）の彼は、静脈を見つける間あまりにも長い時間担架に縛られていたので、途中一旦ベルトを外してトイレ休憩を入れなければならなかった。

ジョセフ・ルドルフ・ウッド

「どうして銃を使わなかったんだ？　ドレイノ（訳注：アメリカのパイプ洗浄剤）を注入してやればよかったんじゃないか？」これは、2時間もかかったジョセフ・ルドルフ・ウッドの処刑に対する、被害者の親族の辛辣な反応だった。ウッドは1989年、デビー・ディエスとジーン・ディエス親子殺人のかどで有罪判決を受けた。しかし、上告に上告を重ね、とうとう上告材料を使い果たして処刑執行となった2014年7月には、25年が過ぎていた。ウッドは処刑のその日その場でも、注入される薬剤の効果に疑いがあるとして上告した。彼は正しかった。彼の処刑は死亡確認までに1時間59分もかかり、長引く処刑の途中でウッドの弁護人は連邦当局に対し処刑の緊急中止を求めた。

　最初のうち薬剤の注入は滞りなく進んでいた。薬剤注入に適当な静脈は問題なく見つかった。ウッドは何の罪もなかった彼の被害者たちの家族と司祭補佐に向けてふんっと笑って見せると、最初の薬剤が注入されて意識を失っていくかに見えた。だが10分後、彼は口をだらんと開けて胸を膨らませ、5秒から12秒間隔で激しく喘ぎだした。医師がチェックすると、胸を波打たせてはいるが意識はないことがわかった。彼がようやく呼吸を止めたのは処刑開始から90分後で、その12分後に死亡を確認したことが告げられた。検死によると、針は適切な位置に刺されていたのだが薬剤の組み合わせに問題があったことがわかった。ヨーロッパの薬品会社が、試験済みの処刑用薬剤を提供することを拒んだため、彼は試験的に組み合わせた薬剤を15回注入された。ウッドの弁護人はアリゾナ最高裁に電話連絡し処刑の一時停止を求めたが、被害者の親族にはウッドに対する同情の余地はなかった。アリゾナ州知事ジャン・ブルーワーは「彼は法の秩序のもとに処刑された。だが苦しみはしなかった。彼が被害者2人に与えた冷酷で恐ろしい苦しみとは比べようもない。——しかも被害者の家族はこれからも一生苦しみ続けるのだ」と述べた。

クレイトン・ロケット

　クレイトン・ロケットは2014年4月29日、オクラホマ州立刑務所で処刑された。クレイトンの犯した罪の大きさに対して、当然のことながら、立会人で彼に同情する者はいなかった。ロケットと2人の共犯は、ボビー・ボーントの家に押し入ると、彼を銃の台尻で殴りつけて縛り、9カ月の息子が眠っていた部屋に放り込んだ。そこへタイミング悪く家を訪れてしまったサマー・ヘアーとその友達ステファニー・ニーマンは、抑えつけられて殴られ3人に繰り返しレイプやアナルセックスをされた。ロケットと仲間は獲物を小型トラックに載せて郊外に向けて走り、人里離れたところまでくるとそこで停まった。ヘアーは、ここでさらに繰り返しレイプされオーラルセックスを強要された。ニーマンのほうは、浅く掘った穴に入れられてロケットに銃で撃たれた。ロケットは彼女に土をかけて埋めたが、そのときその場にいた者にはまだ彼女のうめき声や息をしようともがく声が聞こえていた。

　処刑の直前、担架に拘束されたあとも、彼の鼠径部の静脈に針を刺すまでに1時間近くかかった。静脈採血の訓練を受けた看護師は、どうやら針を静脈に刺す代わりに、静脈を突き抜けて断裂させてしまったようだ。ロケットはおそらく脱水症状を起こしており、正しく穿刺するのが難しかったようだ。

　最初の薬剤が注入されたのが午後6時23分で、6時33分には意識を失ったことが確認された。しかし、ロケットは、意識は失っていたものの酷い痛みと苦痛を味わっていたようだ。彼は頭を持ちあげ目を開けると「なんだってんだ」「まだ……」と言い、さらに「変だぞ」と続けた。彼はのたうち回りはじめ、6時37分には起き上がろうとさえした。やっとのことで死亡が確認されたのは午後7時6分で、死因は心臓麻痺だった。

　前地方検事マーク・L・ギブソンは「死刑を受けるに値する人間がいるとしたら、それはロケットだ。クレイトン・ロケットは悪魔だ。クレイトン・ロケットは彼女らを痛めつけ、殴り、レイプし、それをおもしろがったのだ」。地元の報道記者グロリア・ブラウンは「処刑自体は失敗で苦痛を伴うものとなったが、彼が被害者にしたことに比べたらどうということもない」と論じた。

ロケットが手首を切って自殺しようとするので、刑務所の職員は彼を落ち着かせるために、テーザー銃を使って電気ショックを与えなければならなかった。担架に拘束されたあとも、彼の鼠径部の静脈に針を刺すまでに1時間近くかかった。

アンヘル・ニエベス・ディアス

「Paplo la Muerte」（我が友、死に神）とあだ名されるアンヘル・ニエベス・ディアスは2006年12月13日、処刑を受けることに酷く動揺し最後の食事の注文すらしなかった。彼はフロリダのストリップクラブの支配人を殺害したかどで有罪判決を受けた。

　担架に拘束されたアンヘルは、最初の麻酔を注入して30分経っても意識を失わなかったので2回目の注入をすることになった。2回目でも彼は意識を失わず、致死薬が注入されてからも苦痛で顔を歪めつづけ、死亡までに24分かかった。処刑全工程に1時間以上かかったことになる。刑務所の職員はアンヘルの肝機能に問題があったせいだとしたが、検死の結果、薬剤効果が無かったのは彼の肝機能のせいではないことがわかった。彼の肝臓は正常だった。注射の針が静脈を通過し、肉にバルビツールを注入してしまっていたのだ。医学用語でこれを浸潤という。これにより皮下に深刻な火傷を生じ、検死の際に彼の両腕の皮はむけ落ちた。右腕には11×5インチ（28×12センチ）の大きな火傷が見られ深い水疱もできていて、皮膚はひとまとめで「ずるり」とむけ、皮膚の下のピンクと白の皮下組織と黄色い脂肪が現れた。

　酷い火傷には訳があった。麻酔のためチオペンタールを、わずかに酸性化した苛性アルカリ液に溶かした溶液を注入するのだが、溶液が血管に入ると酸は血液に溶ける。——薬剤が正しく注入された場合である。しかしその薬剤は筋肉細胞に注入されると火傷をおこすのだ。酸によるダメージの一部は死後に起こったものとも考えられるが、薬剤注入から気を失うまでに30分かかっていることから、ディアスはかなりの苦痛を味わったと想像される。

　彼は処刑を受けている間、最初から最後まで意識があったのではないかという形跡がみられた。処刑執行人は3種の薬剤全部を彼の左腕から注入しようとしたが、ピストンの抵抗が強く全部注入することができなかった。次に右腕に注入することにしたが2回目でも彼の心臓は止まらなかったので、3種の薬剤の3回目の注入を再び左腕に行った。彼はチオペンタールで気を失わなかったので、2つ目の薬剤パンクロニウム・ブロミドが筋肉と肺の動きを止めるときにはまだ意識があったはずだ。ブロミドは筋肉組織に広がって効果を発揮するが、致死量の塩化カリウムは循環系を通して心臓に届けなければならない。ディアスはおそらく、パンクロニウム・ブロミドがゆっくりと体の自由を奪い窒息させていくときには完全に意識があり、途方もない苦痛を感じていたに違いない。

その他の特筆すべき失敗例

　デービッド・ジェームス・オートリーは1984年３月、テキサスで処刑された。パンクロニウム・ブロミドで酷い引きつけを起こしたとき、彼にはまだチオペンタールが効いておらず意識があったことは、立会人らの目に明らかで衝撃だった。彼の体は薬物に異常な反応を示し、静脈のなかに血栓ができてしまった。つまり薬剤は循環系にあまりにもゆっくりと染み込んだので、絶命までに長い時間がかかった。彼は意識があるまま少なくとも10分間苦しんだ。

　1988年12月13日、テキサスで処刑されたレイモンド・ランドリーは最初の薬剤注入から死亡までに24分かかった。処刑が始まって２分後に針が静脈から抜け、処刑用の薬剤と血液を処刑室中に飛び散らせる「噴出」と呼ばれる事故がおこった。立会人との間にカーテンが引かれ、カテーテルを刺し直すまで14分間閉め切りにされた。その間ランドリーは呻き続けた。

　ステファン・マッコイもまたテキサスで処刑を受け、不運に見舞われた。1989年５月24日、彼の場合は薬剤の注入のスピードが速すぎて体が薬剤に激しく反応してしまい、のどが詰まり酸素を求めて音を立てて喘ぎ、胸は波打ち、拘束器具に押さえつけられたマッコイの体は器具に逆らって反り返った。

　チャールズ・ウォーカーは1990年イリノイで酷く苦しい処刑を受けた。薬剤を通すプラスティックチューブがねじれていることに気づかず、ねじれのため薬剤は非常にゆっくりと注入され、しかも針が指先に向けて刺されていたため、さらに時間がかかった。

　ジョン・ウェイン・ゲイシーが1994年５月10日に処刑されたときには、新米の職員が薬品をカテーテルに繋いだチューブのなかで固まらせてしまった。つまったチューブを取り換える間、立会人室との間のカーテンが10分間閉じられた。

　1995年５月３日、ミズーリで執行されたエミット・フォスターの処刑もまた人為的ミスが原因で失敗した。すべてはつつがなく行われているかのようだったが、投薬が始まって７分後、フォスターは喘ぎのたうち回りだした。ブラインドが閉じられ、その後処刑開始から33分後にフォスターが死亡するまでブラインドは閉じられたままだった。助手の１人がフォスターの腕の拘束器具を強く締めすぎて血流が悪くなってしまったのが原因だったことが明らかになった。検視官自身が処刑室に入り、拘束器具を緩めて血流を戻すよう指導した。

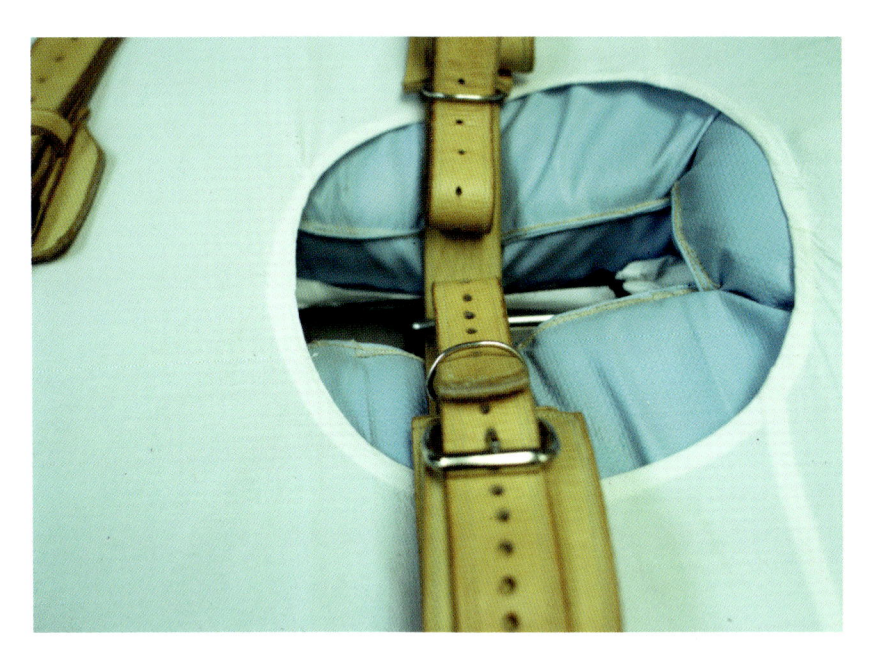

用意周到な処刑執行人

　ビル・アーモントラウトはミズーリ州で1980年代、処刑執行
を担当した。彼は処刑の失敗を最小限にするために処刑の段
取りを考え抜いた。フレッド・ロイヒターと手を組んで、絶対

上：テキサスの担架は囚人の拘束に古いタイプの皮ベルトを使っている。このベルトは長さの調整が難しいうえに尿や吐しゃ物で汚れた場合の掃除もしにくい。

に安全なミズーリの処刑を作り上げた。1991年8月23日、モーリス・バードがその
最初の「受益者」となった。ロイヒターの致死注射装置に若干の問題があったに
もかかわらず、彼は長く苦しい処刑を受けずに済んだ。アーモントラウトのやり方
では、処刑チームは、死刑囚を処刑室に連れていき担架に乗せるところまでの模
擬練習を少なくとも3回行った。囚人と体格の似た看守を使い、実際に担架に拘
束してみて「心地よい拘束」のための拘束用ベルトの長さがどれくらいかを測った。

　処刑の前には、システムが問題なく稼働することを確認するため3回テストを
行った。それぞれの薬剤が投入されるたびに制御装置と処刑室のなかにライトが
点灯し、どの薬剤が投入され、次にどの薬剤を投入するかを示した。テスト中、
制御装置を操作する人間2人と処刑執行責任者が薬剤投入のタイミングを計った。
アーモントラウトは、制御装置の操作には手動のレバーを使うよう指示した。バ
ードは最適なタイミングで薬剤を投与され、彼の処刑はつつがなく終了した。

　他にも、処刑執行人と死刑囚、双方の精神的な傷を最小限にするための方法が

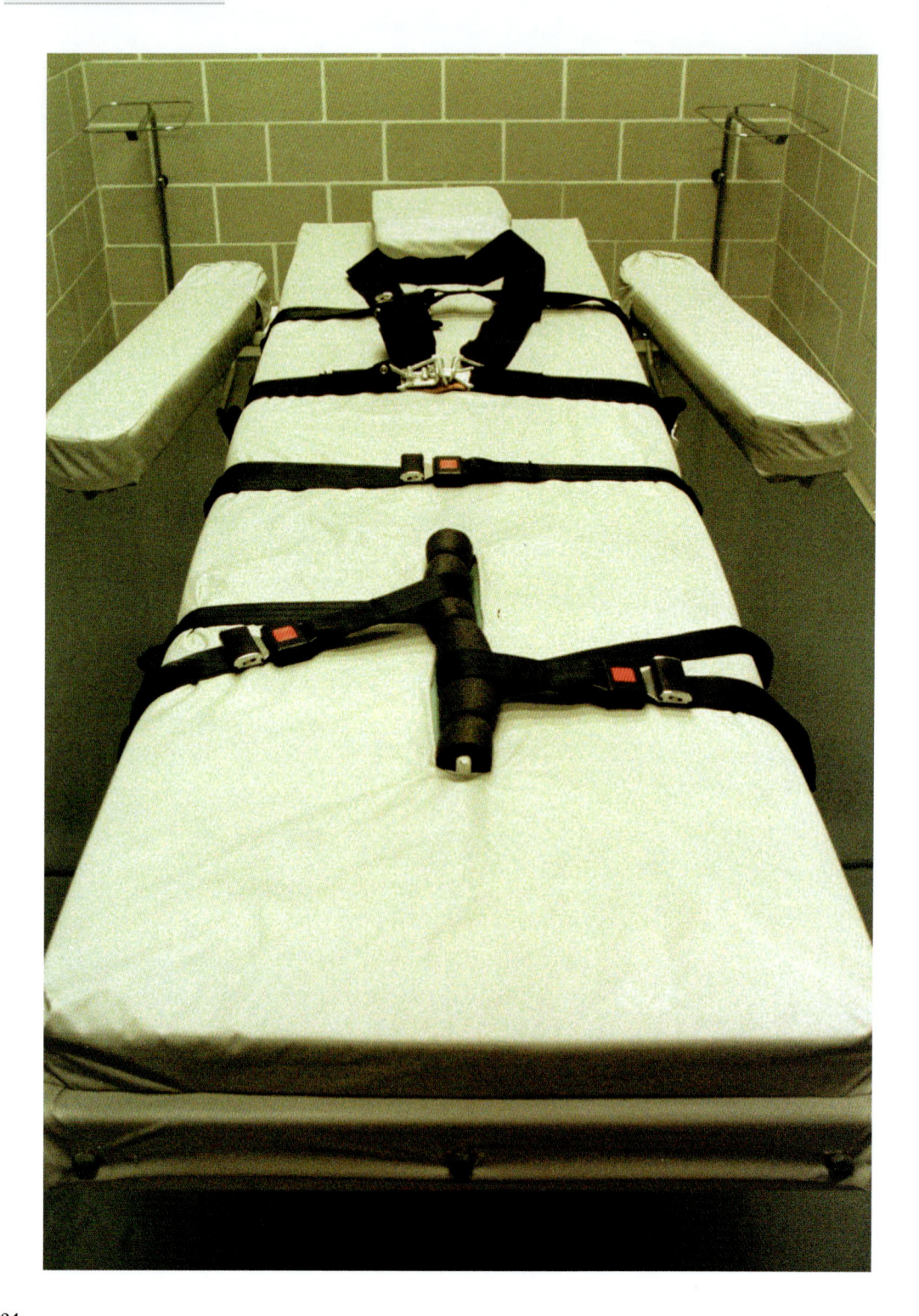

開発された。ミズーリ州では、処刑執行日は執行の10日前に布告され、死刑囚は死刑が発令されると比較的すぐに「通夜の部屋」と言われる処刑を待つための監房に移動させられる。これは死刑囚が自殺しないように、また他の囚人に自殺をそそのかされないようにするためだ。バードは自殺すると脅しをかけていたので、すぐさま「通夜の部屋」に移動させられた。死刑が発令されると処刑日を待っている他の囚人たちが自殺をそそのかすことはよくあった。そこで職員が死刑囚を毎日24時間見張り、訪問者、電話、食事、会話などすべてをタイプライターで記録した。そのうえ職員は、部屋の真ん中を金網で仕切って、囚人と同じ部屋で過ごした。

ミズーリの縛り上げ

ミズーリでは死刑を待つ囚人が規則を守らないとき「縛り上げ」た。——2台の担架で挟まれて顔と足先だけを出して括りつけられる。そのまま壁に何時間も立てかけられたり、逆さに立てかけられたりした。

死刑囚は食堂を無料で使える特典があり、煙草やソフトドリンクやキャンディーなどは好きなだけ与えられた。専用のビデオやテレビもあって、囚人はシルベスター・スタローンやアーノルド・シュワルツネッガー、ジャッキー・チェンなどの映画を楽しんだに違いない。また電話の使用も自由で、電話で弁護人と連絡を取ることも許されていた。裁判関係の書類の持ち込みもできた。一度に2人までの訪問者を受けることも許されたが、処刑日の夕方6時には訪問者は全員退去させられた。

その後の段取りは時間を追って厳格に決められていた。死刑囚は午後11時35分に担架に拘束された。処刑は午前0時1分に開始された。囚人を丸一日起こしておき、夜中まで処刑を待たせるのは「冷酷かつ非道な処罰」に数えられるようにも思えるが、アーモントラウトが処刑予定日に日付が変わってすぐに処刑を執行するにはしかるべき理由があった。もしも何か不都合なことが起こっても、予定日中にやり直す時間がたっぷり24時間あるからだ。

処刑を夜中に行うのには、死刑反対者たちも徹夜で抗議運動をすることはないだろう——特に子供がいればなおさらのこと——ということと、収容されている囚人たちも寝ている時間なので彼らが騒ぎを起こすこともないという理由もあった。

医師らはヒポクラテスの宣誓のため静脈注射はできないが、生命兆候をチェックし囚人の死亡を確認した。専門の訓練を受けた麻酔技術者が静脈点滴を挿入した。

左ページ：アリゾナの致死注射室。拘束器具に装備されたバックルは囚人を素早く拘束するのに役立つ。ベルトの長さは処刑前に囚人に合わせる。

CHAPTER 12

銃殺刑

　銃殺刑は主として軍人に与えられる処罰だった。軍の銃殺刑の執行の仕方は、古代ローマの十分の一刑に似ていると言えそうだ。戦場で不甲斐ない戦いをした軍全体の罪滅ぼしのために10人に1人の軍人を選び出して処刑する。射撃による処刑は銃器が発明される何世紀も前からあり――キリスト教殉教者、聖セバスチャンは西暦3世紀の終わり頃、弓矢で撃たれて処刑されたと伝えられている――現在でも多くの国で採用されている。死刑囚は心臓か頭を撃ち抜かれれば即死する。そのため、銃殺刑賛成者は、銃による処刑は人道的であると主張している。

致命の一撃

　軍の銃殺隊の編成は、現在各国ともほぼ同じになっている。６人から12人の訓練を受けた射撃手が、目隠しをされ柱に縛りつけられた死刑囚から20から30フィート（６から９メートル）離れたところに立つ。兵士はそれぞれ１発の実弾を込めたライフルを渡されるが、そのうち１丁には空包が込められているのが伝統だ。誰も自分の射撃が致命的になったのかどうかわからない仕掛けだ。

　しかし、自分の撃った弾が命を奪ったのではないと信じ切るのは、少々都合がよすぎる妄想にすぎない。マスケット銃やライフルは空包を撃つときは実弾を撃つときより反動が少ないのが普通で、訓練を受けた兵士にはその違いがわかるはずだった。大々的な処刑で銃殺隊が20人から30人もの囚人を連続で射殺していくときに、１人の兵士が続けて30の空包を撃つというのはあり得ない。この現実を考えれば、空包の１丁を交える伝統へのこだわりはあきらめるべきなのかもしれない。

　軍による銃殺刑を描いた絵画（P229参照）の古いものは、中央ヨーロッパの三十年戦争（1618〜1648年）当時のものにまでさかのぼる。この時代ですでに現

死刑を望む

1972年アメリカ合衆国最高裁判所はジョージアで執行された死刑（電気椅子刑）は「冷酷かつ非道な処罰」を象徴するものであると裁定した。これに伴いその後数年間アメリカ中にいる膨大な数の死刑囚の処刑はただの1回も執行されず、今後いっさい死刑は行われないということが暗黙の了解になっていた。

しかしゲイリー・ギルモア（1940～1977年）が事態を変えた。ギルモアは大犯罪者というわけではなかったが、とにかく刑務所で過ごした時間だけは長かった。どうしようもない軽犯罪で15歳の時に初めてオレゴンのウッドバーンで収監された。その後22歳の時に武装強盗で15年の懲役の判決を受けた。1976年4月9日に仮釈放されたギルモアは、またもや軽犯罪に手を染め、拳銃を扱い、職にも就かず酒に溺れる生活に舞い戻った。1976年7月19日の夜、彼はガソリンスタンドに行くと24歳の店員の頭を後ろから拳銃で2発撃ち、100ドルほどを奪って逃走した。次の日の夜、今度はモーテルの若い従業員の頭を撃ち、せっかくなので125ドル頂戴した。ギルモアは拳銃を処分しようとしたが、投げ捨てようとしたときに誤発射し手に怪我をした。彼は助けを求めて親戚に電話したのだが、親戚はすぐさま警察に連絡しギルモアの居場所を告げた。

ギルモアの裁判では被告側の証人は1人も出廷しなかった。彼は殺害の意思があったと証言し、悔恨の念のひとかけらも見せず、告発された犯罪すべてに有罪を認めた。1976年10月、ギルモアは有罪の判決を受け、ユタ裁判所は彼に死刑を言い渡した。——法律が修正され死刑制度は復活していたが、実際には1972年以降死刑は1度も執行されていなかった。

ギルモアは長々と上告を繰り返すよりも死刑を望むと弁護人に伝えた。ユタの死刑制度では死刑囚は処刑方法を選べることになっていたので、彼は銃殺刑を指定した。弁護団はギルモアの一連の希望をすべて無視したので、彼はすぐに弁護団を解任した。新しく雇われた弁護団は、ギルモア自身が自分は改心の余地のない常習的犯罪者であると認めており、またすでに刑務所に長く収監されすぎていると主張した。彼は法にのっとり早く次の段階に進みたがっていた。

1977年1月17日、ギルモアの願いはかなった。ベニヤの壁の前に砂袋や古いマットレスが積まれ、彼はその前に置かれた古い赤い革張りの椅子に縛りつけられた。彼の最期の言葉は「さあ、やろう」だった。顔にマスクをかけられ、20フィート（6メートル）の距離から5人の射撃手により4発の銃弾が彼の心臓に撃ち込まれた。（慣習により1人は空包を撃った）ギルモアは1分か2分のうちに絶命した。このときアメリカ合衆国の死刑制度は復活した。現在ではユタ州とオクラホマ州のみ銃殺刑を採用している。銃殺刑のためには専用の椅子が設けられている。

在の銃殺刑とほぼ同じ様子を呈している。処刑されゆく兵士たちが見守るなか、馬に乗った将校が手か声で発射を命令し、銃殺隊はその命令に従う。伝統的に将校はとどめの一撃を放つ——つまり銃殺隊の弾が標的を外した場合、将校がピストルを持って囚人に歩み寄り頭を撃ち抜くのだ。

上：この三十年戦争の絵は、銃殺隊による処刑を描いた古い絵画の一作として知られている。

この絵にはまた、銃殺隊が軍隊の一部としていかに規律を重んじたかも表されている。兵士たちは行進して開放型の広場に入場し、銃殺隊を囲んで処刑に立ち会うことになっていた。将校が罪状と刑罰を読み上げると、死刑囚は柱に縛りつけられる。そして銃殺隊は死刑囚の心臓の位置を示した布地などの目標に狙いを定める。そこで見られるすべての光景は、将校の軍隊に対する支配力を示し、軍隊の規律の重要性を再確認させた。

もちろん銃殺刑にはたくさんのバリエーションがある。イギリスがスペイン軍、ポルトガル軍とともにフランスと戦った半島戦争（1808〜1813年）では、イギリス軍の脱走兵は自分自身の墓穴を掘らされ、蓋を開けた自分用の棺の前に立たされた。そこで銃で撃たれると棺のなかに倒れ転がり、そのまま墓穴に埋められた。第一次世界大戦時も脱走兵に対し同じような罰が処された。たいていは正式な手続きを踏まず、いい加減な裁判もどきで簡単に有罪判決を下し、前線からは程遠い場所で銃殺刑が行われていた。

現在ではユタ州とオクラホマ州のみ銃殺刑を採用している。銃殺刑のためには専用の椅子が設けられている。

死刑囚の銃殺刑

　絞首刑や電気椅子や致死注射にはかなりの割合で不手際が見られたが、銃殺刑はほとんどの場合、問題なく執り行われた。訓練を受けた10人の射撃手全員が的を外すというのは考えられないことだった。だが、国によって銃殺刑の意味するものはそれぞれ違う。

　アジアでは多くの国が銃殺刑を採用してきており、一部の国では今でも行われている。中国では、1990年代以降致死注射刑が一般的になってきてはいるものの、他にもいろいろな処刑方法を採用している。致死注射の前にはライフルや自動小銃で囚人の後頭部を撃ち抜く方法が主流だった。例外は、死刑囚が中国の伝統的な埋葬を希望する場合だった。中国では死後の世界で幸せに暮らすためには、ほとんど無傷の体で埋葬されなければならないと信じられている。この信仰に基づいて、多くの中国人死刑囚はピストルを口にくわえて脳天に向けて撃たれることを選んだ。この方法だと銃弾が頭蓋骨の内側を粉々にはするが、目に見える傷を最低限に抑えられる。

　マレーシアではマシンガンを三脚の上に設置し、死刑囚はその前に座り心臓を銃身に直接当てる。銃と死刑囚の間には黒い布が1枚あるだけだ。合図が出されるとマシンガンは20発もの銃弾を発射し、囚人の心臓は木っ端みじんに消滅する。

　およそ28の国々が銃殺刑を採用しているが、そのなかにはキューバ、韓国、ウガンダ、ベトナム、北朝鮮などが含まれる。北朝鮮では公開で銃殺刑を執行するのが特徴だ。

下：最も一般的に処刑に使われた銃は、この絵に見られるようなライフル銃だった。

インドネシアの処刑

　インドネシアの処刑は、通常すべて銃殺刑だ。処刑を受ける者は、監房から射撃場のあるヌサカンバンガン島に連行される72時間前に告知を受けることになっている。

　処刑の全工程は、まるで死刑囚の苦痛を最大限に増長しようと意図しているかのようだ。2人のオーストラリア人、アンドリュー・チャンとミュラン・スクマランは2015年4月29日、麻薬の不正取引のため処刑された。彼らがバリ島の刑務所から連れ出されると、報道陣が大挙して押しかけ、2人が手錠を掛けられて装甲車に乗せられ、大々的な護送を受けてデンパサール空港に向かう様子を逐一報道した。10年ものあいだ死刑囚用の監房に収監され、不安で取り乱した様子の男たちは、警察の高官とともに飛行機に乗り込むと警察官の隣で「記念撮影」のためにポーズを取らされ、その写真は公開された。

　さらに男たちを悩ませたのは、撃たれ方を選ばなければならなかったことだ。立っているのか座るのか、あるいは寝そべるか、目隠しはするかしないか、などの選択肢を与えられた。またフードを被るかそれともフードなしで銃と向き合うか、手は体の前で手錠をかけるか、それとも体の後ろに回すか。そして足は両脚をそろえて縛るか、それとも厚板にゴムで拘束するか。死刑囚たちの懸念は、いかに処刑の苦しみを和らげるかに留まらなかった。インドネシアは銃殺隊の心情を慎重に考慮した。11人が実弾を撃ち1人が空包を撃つのではなく、11人が空包を撃ち1人だけが実弾を撃つのが普通だった。さらに銃殺隊の心の傷を軽減するために処刑は夜に行われた。そのため死刑囚たちが繰り返し見る悪夢は、たった1発の実弾が的をはずし、こめかみにとどめの一撃を撃ち込まれる夢だった。

　これは現実的な恐怖だったようだ。2015年1月に5人の死刑囚が処刑されたが、情報によると1発で心臓付近に命中させるのは難しく、絶命させるにはなかなか時間がかかったようだ。一番早く絶命したのは唯一の女性死刑囚ラニ・アンドリアニで、彼女は銃撃の6分後に死亡が確認された。

　インドネシアの銃殺隊の処刑手順は厳密に決められている。死刑囚は、心臓の位置に黒で印をつけた清潔な白い処刑服を着せられる。銃殺隊は死刑囚の前に1列に並び、指揮官は隊の方を向いて列の右側に立つ。指揮官が刀を抜くと銃殺隊はライフルを的に向けて構える。指揮官が刀を振り上げると銃殺隊は銃の撃鉄を起こして射撃の用意をする。指揮官が刀をさっと下ろすと同時に銃は放たれる。その後指揮官の刀が鞘に納められると、銃殺隊は休めの姿勢に戻る。

処刑の後

　処刑される者にいつの時代も共通することがある。それは遺体の尊厳を完全に無視されるということだ。ある者は遺体を切り刻まれて記念品やお守りとして販売された。またゴミの山に投げ捨てられる者、豚の餌にされる者もあった。刑務所のさびれた墓地に、名も刻まれずに埋葬されるのがほとんどの死刑囚の行きつく先だった。一番悲惨なのは剣で処刑される直前の死刑囚だったに違いない。彼らが死の直前に目にするのは、自分の首から噴き出す血を求め、ビーカーを片手に必死に押し寄せる人々の行列だった。

人間の脂肪と皮膚

　太古の昔から今日に至るまで、人間の体の器官は薬効を目的として売買されてきた。一番普及していたのは処刑された囚人の遺体だった。遺体は処刑執行人の手で処刑台から降ろされると器官ごとに切り分けられて、薬の原料にするために薬剤師や一般の客に販売された。

　ルネッサンス期のイタリアでは、人間の脂肪分には素晴らしい薬効があり、特に生きている人間から採取された脂肪は最上級だと考えられていた。処刑前の拷問の最期の段階で、生きたままの脂肪を採取することが多かった。こうした脂肪は痛み止めとして販売された。脂肪を採取するとまず沸騰させて精製し、液体または固形の状態で販売した。他にも需要があった器官は、歯、焼けた頭蓋骨、髪の毛、臍などである。

　抽出された人間の脂肪は肌荒れや切り傷の特効薬で、ヨーロッパじゅうで販売されていた。リューマチや不安症、痛風、こむら返り、癌、各種炎症、鬱など、すべてが人間の脂肪を塗るだけで治癒すると思われていた。

　人間の脂肪は化粧品の原料にもなった。テレピン油や蜜蝋と混ぜて作ったパテを、顔に残った疱瘡痕を隠すために塗った。エリザベス一世は、人間の脂肪を化粧にたっぷりと使った。化粧品には幼児の脂肪が特によいとされていたが、採取方法に関する情報はほとんど無い。

　人間の脂肪は優れた膏薬で、特に戦闘や闘争で受けた傷によく効いた。膏薬の処方の1つは、頭蓋骨に生えた苔、人間脂肪、血液、ミイラ（干した人肉）、テレピン、亜麻仁油を材料とし、これらすべてをよく混ぜる。この混合物を傷をもたらした剣やナイフにも塗ることが重要だと考えられた。同じものを傷と武器、両方に塗ることで、両者の精霊が共鳴し傷が治るという考え方だった。

　人間の脂肪の需要は非常に高く、処刑された囚人の遺体だけでは供給が追いつかなかった。1736年、イングランドのノーフォークで、ある男が妻と喧嘩した末に、ひどく傷ついて首つり自殺した。地元の検死陪審は、自殺であるので慣習通り交差点に埋葬することにしたが、彼の妻には別

下：Adeps Humanus（訳注：ラテン語で人間の脂肪の意味）の入った試験管。この試験管はドイツの薬局のものである。

の考えがあった。彼女は夫の遺体を1/2ギニー（10シリング6ペンス）で外科医に
売りつけた。「夫はあなたの用途にぴったりですよ。全身バターのように脂肪がたっ
ぷりよ」と、夫に先立たれた彼女は言った。取引は成立し、気の毒な夫は袋に詰め
込まれ、両足を突き出したまま外科医の荷車に乗せられて持ち帰られた。

遺体の衣服

　処刑に関わる遺物には摩訶不思議な力が潜在するという迷信が広く伝わって
いた。処刑執行人は受刑者の体の一部や首縄の切れ端、遺体からはがした衣服
などを販売した。死刑囚が凶悪犯であればあるほど遺物の神通力が強いとされ
て高値がついた。多くの死刑囚が処刑執行人への嫌がらせのために埋葬用の白
布に包まれて処刑されることを選んだ。

　1763年、ハナ・ダゴーという若いアイルランド人の女囚人は、ロンドンのタイ
バーン絞首台に連れていかれる道すがら、衣服を脱ぎ群衆めがけて
投げ捨てた。両手を縛られていたことを考えると、これは大した離れ
業だ。彼女は絞首台に上がってからも最後の1枚まで脱ぎ捨てて、
衣服が処刑執行人の手に渡らないようにした。すっかり裸になってし
まっても彼女は大暴れし、彼女の首に首縄を掛けようとする処刑執行
人のトマス・ターリスの股間を膝蹴りした。

下：ハナ・ダゴーはタイバ
ーンに向かいながら大暴
れした。この暴れるアイ
ルランド女を抑えつける
手間は処刑執行人の報酬
では割に合わなかった。

医学に託す

遺体は解剖の目的で外科医からの需要もあった。死刑囚のなかには、事前に自分の体を売ってしまい、それを資金に最後に人前に出るときのために贅沢な洋服を揃える者もいた。しかし多くの者は、解剖は人の道を外れた刑罰だと考えた。解剖されたバラバラの体では、最後の審判で天国に送られる可能性が低いと考えられていたからだ。1721年のロンドンでジョン・ケーシーは兄弟が処刑を受けるとき、外科医の使いに兄弟の体を奪われないようにと処刑場までの荷馬車に一緒に乗り込んだ。また18世紀にはオリバー・ホワイトの父親がオリバーの墓を掘り起こされないように守るために、北イングランドのカーライルからロンドンまで260マイル（420キロ）の道のりをやってきた。

イングランドでは外科医と解剖学者は毎年6体の遺体を解剖のために「吊るして

おく」ことが許可されていた。薬剤師らが遺体を使って治療をしようと患者を連れてやってくるので、いい副業にもなった。科学者であり占星術師のロバート・フラッド（1574〜1637年）は、薬剤師のケレットから、腹部にスキルス癌を抱える上流婦人の腹をフラッドの保有する遺体の手で撫でさせてくれと懇願された。ケレットは他の患者の、たちの悪い癌を同じ方法ですっかり消してしまった経験があった。

後日彼は、夫人の癌の治療がうまくいったことで彼女の夫から大変感謝された。同じ方法は甲状腺腫の治療にも有効であるとされていた。

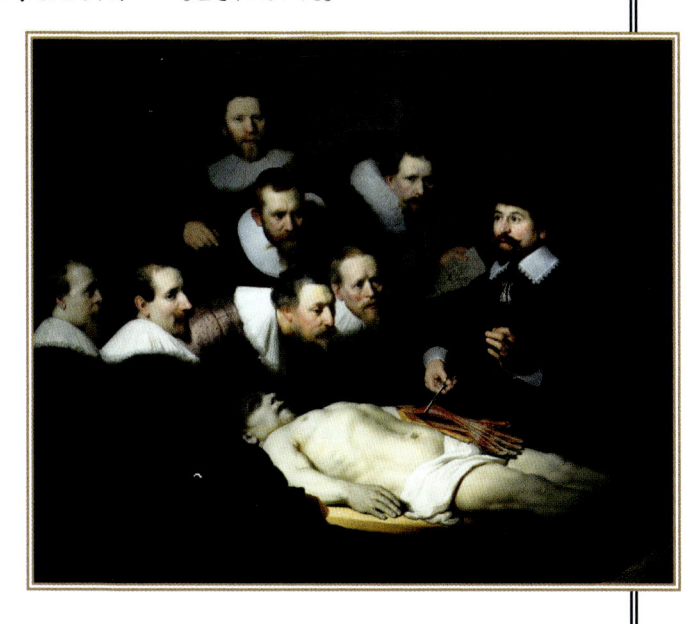

右：『テュルプ博士の解剖学講義』1632年　レンブラント作。
この絵に描かれているのはアーリス・キントという盗賊。彼はこの日の朝、処刑された。

1447年、5人の男が死刑判決を受けて手足切断の刑を申し渡されたとき、処刑執行人はあわやというところで当然受けるべき報酬を搾取されそうになった。囚人たちが衣服を脱がされ、ほんの一瞬首をつられたところでロンドン塔から恩赦の知らせが届いたのだ。しかし処刑執行人は権利を主張し死刑囚の衣服を返すことを拒んだ。つまり衣服を失った5人の囚人は公衆の面前で恥をかかされ、寒い思いで家まで歩いて帰る刑に処されたというわけだ。

遺体に触れる

処刑された囚人の遺体は下に降ろされる前、通常1時間ほど吊るしたままにされた。女性たちは遺体に駆け寄り、まだぬくもりのある遺体の手のひらを自分の胸や頬にあてた。首を吊られた男の手は、肌荒れや浮腫、痔、痛風などの治療に絶対的な効果を発揮すると言われていた。慢性の病気をもつ子供は、遺体に押しつけて死人の汗で治療した。

治療に使う遺体は死んだばかりである必要はなかった。ロンドンで薬局が多く集まる地域はシティ（訳注：シティ・オブ・ロンドン）のバックラーズベリーの近辺だった。悪名高い犯罪人たちがこの地域で絞首刑にかけられるので、薬剤師たちは客を連れていき、ぶら下がっている遺体に触らせた。ドイツでは、ある囚人

はミュンヘン郊外で1697年から1702年まで車輪にかけられたままだった。またドイツ北部の町ハノーバーの市壁の外には黒く変色した囚人の遺体が少なくとも10年は吊るされていた。ドイツ人は車輪刑にかけた犯罪者の遺体をバラバラに切断したが、いくつに切断するかはその犯罪者の殺人の数に準じた。ある大量殺人の犯人は14に、また別の殺人犯は18の塊に切断された。

左：前代の解剖学者が人間の動きの仕組みを研究している。

右ページ：処刑された犯罪者の遺体は薬効の高い器官の宝庫だった。この絵ではスペイン人の女性が首を吊られた男の歯を抜いている。

宗教的遺物

　6世紀のイングランドにおけるキリスト教徒迫害では、多くのキリスト教徒の遺体が殉教者の遺物として扱われた。1581年、殉教者イブラード・ハンスが現世に残したものすべて、絞首台の下の血に染まった土までも含めて、忠実な信者たちへの聖なる遺物として販売された。カトリック司祭のウィリアム・ハートは1583年に殉教したが、ヨークの絞首台から降ろされるやいなや熱心な信徒らが彼の体を引き裂いたので、八つ裂き刑を免れた。

　コーネリアス・オドバニー司教が1611年ダブリンで斬首された際、処刑執行人はたまたま切り落とされた頭にばかり気を取られていたのだが、気の毒な聖職者の遺体をばらしに取り掛かっていると、一般の市民が何かしらの遺物を手に入れようと遺体に群がってきた。髪の房が切り取られ、ハンカチが司教の血に浸され、手足の指が切り取られ、衣服ははぎ取られた。

　昔のキリスト教会では、殉教者の遺物の売買が盛ん

下：大昔から人体の様々な部位が宗教と密接に関わってきた。イタリアの画家カラバッジオのこの名画には、洗礼者ヨハネの頭を手に抱えるサロメが描かれている。

> ドイツでは処刑執行人たちが処刑台の下の血の染み込んだ砂を販売した。ある時などは観衆が処刑台に駆け寄った勢いで斬首後の処刑用スツールを壊してしまった。

に行われていた。聖職者の髪や血液、骨、頭蓋骨などが荘厳な聖遺物箱に収められていた。これらは大聖堂や修道院の重要な財源だった。信者たちが病の治療のために、圧倒的な神通力を求めてこれらの遺物の巡礼にやってきて、たっぷりと献金をしていくからだ。ありがたい遺物をめぐる競争はすさまじかった。

幸運のお守りと魔除け

　死刑囚の皮膚を乾燥させたものは、幸運のお守りとして高値がついた。首吊り役人のロープを頭に撒くと偏頭痛に効くと言われていたし、ロープを首に巻けばありとあらゆる病気が治癒するとされていた。絞首台の木片を歯茎にこすりつけると歯痛が治った。賭博者たちは首縄の切れ端でできたお守りを身に着けると勝運が上がると信じた。ドイツでは処刑執行人たちが処刑台の下の血の染み込んだ砂を販売した。死人の指を切断してポケットに忍ばせておくと虫よけになると評判だった。宿屋の主人は商売繁盛を祈願し、切断した囚人の指をビールの樽のなかに入れた。

　魔女の遺物は特に効果のある魔除けになると考えられていた。「ヨークシャーの魔女」メアリー・ベイトマンは1809年、ヨーク城の裏で絞首刑にされた。人々は、彼女は超能力を使って、首を吊られたとたんに消えるのではないかと期待し、大変な群衆が見物に集まった。（もちろん、そんなことは起こらなかった）人々は興奮して、一目見ようと彼女の遺体に群がったので、リーズ総合病院は彼女を解剖する前に2,500人の人々に1人3ペンスを課して遺体を公開した。解剖が終わると彼女の皮膚は剥がされ、燻製にされて小さな欠片に切り分けられ、彼女の一部を身に着けたいという人々に配られた。

　処刑執行人もまた特殊な能力をもつと思われていた。当時広く伝わっていた話によれば、処刑執行人は、若い男の首をはねたばかりの血にまみれた剣を振るって狼男や吸血鬼を退治することができ、また邪悪な精神を振り払うことができるということだった。16世紀終わりごろ、ニュールンベルクの処刑マイスター・フランツは秘密の治療方法と処方を知っているという評判だった。またハンブルグの同業者マイスター・バレンティン・マッツもハーブを使った治療の第一人者とされていた。

死者の手の魔力

　18世紀のドイツでは、絞首刑にされた男から切り取った手は、正確な手順を踏めばイギリスの「栄光の手」とほぼ同じ効果があるとされていた。神秘の力を増すためにはいくつかの方法があった。まず手首を切り取り、血をしっかり抜く。そして包んでドラゴンウォート（訳注：タデ科の多年草）と一緒にボウルに入れる。そうしておいて、首縄の繊維もしくは死人の髪を芯にして、人間の脂肪とゴマで固めて蝋燭を作る。その後、蝋燭を縦に支える形に指を調節して手を乾燥させる。もう1つの手を乾燥させて作るお守りは、死んだ男の髪を猫の脂肪（もちろん黒の雄猫のもの）に浸し、5本の指に縦に通して5本の蝋燭を作る。胎児の手を使うこともあり、胎児の手を採取するために妊婦が殺された。

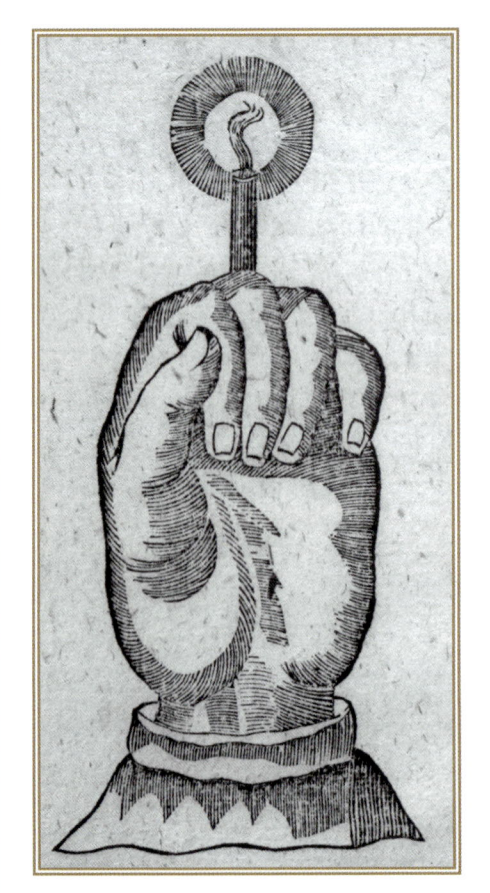

左：「栄光の手」はヨーロッパやイングランドの犯罪人に広く使用された。蝋燭に火をともすと、魔法のマントのように盗賊の姿を隠すと考えられていた。

血

　さかのぼれば共和政ローマの時代から、殺されたばかりの若い男の血には効力があると信じていた。共和政ローマでは、若い花嫁は髪に分け目を入れるときに、剣闘士を殺すのに用いられた槍を使い、多産を祈願した。剣闘士の肝臓9切れを9日間毎日摂取することを推奨する外科医もいた。恋する若者は1切れのパンを剣闘士の血に浸してから土に埋めるよう助言された。その後寝床につく前に、その土を一掴み恋する相手の家のなかに投げ入れておく。翌朝目が覚めるころには彼女に思いが届いているに違いない。大プリニウスはこう記している。

　　　剣闘士の血はあらゆる病を取り除くことから、その血をもって、てんかんも治る。人々は剣闘士がまだ最後の息を吐き出しているときに、剣闘士の血をごくごくと飲み下し、まさに彼の最期の精を吸い取るかのようだ。　　『博物誌』より、医学と医薬　大プリニウス

下：闘技場の地面には剣闘士や動物たちの血を吸うために砂が撒かれていた。これは闘士たちの滑り止めにもなった。

　16世紀のヨーロッパでは人間の血液を飲むことで、鬱血、てんかん、月経痛から腹部の張りまで、ありとあらゆる体の不調が治せると信じられていた。当然その血は若ければ若いほど治癒力が高いとされていたので、処刑されたばかりの若い男の血は最も有効だった。病気に苦しむ者は、処刑が行われるときには、まだ温かい赤い良薬を手に入れようと、お金を払って列に並んだ。ドイツ圏とスカンジナビアの国々では19世紀になるまで死刑囚から血液を採取していたと記録されている。

　1668年、とあるイギリス人旅行者が、ドイツで若い男が処刑される様子を目撃した。座った状態で頭を落とされると死体は血を噴き上げた。そこへ1人の男が水差しを持って駆け寄り、それでほとばしる血を受けた。水差しがいっぱいになると男はそれを一気に飲み干してさっさと立ち去った。同じように1755年ドレスデン在住のヨハン・ゲオルク・ワイドマンは死刑囚の血を飲んで逃走した。1812年のハノーバーでは看護婦達がハンカチに死刑囚の血を吸わせて、てんかん患者に与えた後、患者とともに群衆の間を駆け抜けて逃げていった。

下：薬効の高さゆえ、処刑された囚人の血の需要は非常に高かった。剣で一息に斬首すると新鮮な血が噴き出した。1814年、ハンザ同盟都市シュトラールズントで、斬首刑を受けた男の血を水差しに集めて病気の男に与えた。男がそれを飲み干したところへ、馬に乗った2人の男がやってきて血を飲み干した男を救い上げ、馬に乗せて疾走した。

　1859年、斬首された女囚を保護していた兵士は、18インチ（45センチ）も吹き上げた女囚の血をタオルに吸わせようと押し寄せる群衆に襲われた。

　このように血を飲んですぐに走るという不思議な行動には理由があった。血の効能があまりにも高いので、若い活力を過剰に得て、ひいては節度を越えた激しい行動を起こす危険があるので、なるべく体力を消耗させ、薬効を安定させる必要があると考えられたのだ。また、まだ温もりのある血は滋養が非常に高いので、できる限り素早く体全体に巡らせるのが大事だが、そのためには体を動かすのが一番だとされていた。

　1592年に執行された大量処刑にまつわる逸話で、血の効力の高さがわかる。その処刑に携わった首切り役人は、40人の傭兵を処刑しなければならなかったのだが、1人目を処刑するときにすっかりおびえきって、だらしない姿をさらしてしまい、危うく観衆の袋叩きにあうところだった。彼は助手に血を少し持ってこさせ、そこから2カップの血を飲むと意を固めて仕事に戻り、残る39人の処刑をつつがなく行った。

　血にまつわる話は他にもいろいろある。例えば猫の血が有効だったケースがあった。またワインに処刑執行人の血にまみれた剣を浸してから飲むと、血を飲むのと同じ効果があった。デンマークとスウェーデンでは、血の効能がこのように高いことから、死刑囚は自分の血を医療に役立てるかどうかの意思を事前に確認されなくてはいけないと法で取り決められた。

　ドイツでは血にまつわる迷信は、かなり最近まで続いていた。1843年、ゲッティンゲン近くのシュトックハウゼンで行われた処刑に、6人のてんかん患者が、病気のために服用する血を求めてマグカップを手にやってきた。しかし市当局は医学的な助言を受けたうえで、彼らの要求を拒否した。1858年、ゲッティンゲン市当局はてんかん患者により同情的で、処刑執行人の助手にグラスを渡して血を分けてもらうことを許可した。助手は手渡されたグラスで「溢れ出す血を受け」患者に渡した。フランクフルトのすぐ北に位置するハーナウ在住のあるてんかん患者は、1861年、犯罪者の遺体から3口の温かい血を飲むことを許可された。

　1741年、イタリアのフィレンツェを訪れていたある旅行者は、妻殺しの罪で絞首刑を受けた男を絞首台から降ろすなり静脈を切り開き、その血をてんかん患者や終末期患者に提供していたのを目撃した。

調合薬の数々

　中世とルネッサンス期のヨーロッパでは、処刑後の遺体は医薬品の原料として貴重だった。毛髪、唾液、肝臓、尿、耳垢、排泄物、心臓などが、遺体から採取された。排泄物は乾燥させて粉にし、目の病気をもつ患者の顔に吹きかけた。

　てんかん、あるいは「けいれん発作」はこの時代によくみられる病気だったが、これを脳卒中の症状であるとする場合もあった。この病気に対していろいろな治療方法が考え出された。そのうちの1つは、細かく砕いた頭蓋骨と金、真珠、琥珀、珊瑚、結石、シャクヤクの種、これらを調合して強壮剤を作る。それをハーブティーに入れて7日間続けて飲む。乾燥させた心臓も有効であり、百合から抽出した水と甘口のマデイラワイン、ラベンダーと3ポンド（1.5キロ）の脳味噌を調合したものもてんかんに効いた。高名な自然哲学者のケネルム・ディグビー卿（1603～1665年）はてんかんの治療に、暴力を受けて死んだ男の頭蓋骨を粉にしたものを、2オンス（60グラム）の足の爪もしくは手の爪と混ぜ、そこに乾燥させたイトアシ（訳注：サボテン科の植物）を加えたものを提唱した。

　かなり野心的な処方の1つが、ドイツ人科学者ヨハン・シュレーダーが1659年に著した『ズーロジア』（訳注：原文 Zoologia『動物学』）に掲載されている。彼の「神聖なる水」を作るには、暴力的に殺害された、ま新しい遺体が必要だった。まず遺体を腸も肉も骨も細かく砕き、原型がまるでわからない細かい粒の一塊になるまでばらす。その後それを蒸留して濃縮した液体にする。患者はこの素晴らしい調合物と自分の血を混ぜて飲む。これはどんな病気にでも効果があった。

左：ケネルム・ディグビーはイングランド内戦で国王派として戦った。議会から追放された彼は、大陸を旅しながら医学を学んだ。

人間のハム

内科医エドワード・ボルネストが1672年に出した処方には、8月中旬に処刑された強靭な若者の腿の肉を4ポンド（2キロ）使った。腿肉を切り取って広口の瓶にアルコール漬けにして4日間置く。その後ガラス瓶に入れて塩漬けにし、完全に乾くまで屋外に置いて熟成させる。その状態で保存可能で、医薬品にするときはそぎ取るか粉にして利用する。

別のドイツ人内科医オズワルド・クロル（1563～1609年）は絞首刑か車輪刑にされた、赤毛で体格のいい24歳の男の遺体を探していた。遺体は切り刻む前に一昼夜ねかせる。次に気の毒な遺体のスライスをミルラとアロエと一緒に漬け込んでから、蒸留酒に浸けてよくたたく。肉片はその後、空気にさらして乾かす。現代人の感覚では、遺体が24歳で絞首刑にされた赤毛の若者であることという細かな条件に意味があるようには思えない。だが、これらの条件にはすべてちゃんとした理由（根拠は希薄ではあるが）があるのだ。人間には寿命がある。若くして殺された者は、死亡してはいるものの、その分強い生命力が肉体に残留しているので、死後7年間はその生命力を採取できるという考えだ。激しやすいと言われる赤毛の人間は精力が一般よりも強く、肉体的にピークな年齢で殺された傷のない若い体は、病気や体調不良などで貴重なエネルギーを失っていない。さらに絞首刑では血を流さないので、肉体は生命力を流出していないというわけだ。

フランスの処刑執行人シャルル・アンリ・サンソン（1739～1806年）は恐怖政治の間、処刑した囚人の服を売るという特権をはく奪された。行政命令で囚人の衣服を貧困層に寄付することになったからだ。それでもサンソンは、引き続き囚人の遺体を医学実験のために外科医に販売した。また遺体の脂肪を煮詰めてリューマチの薬を作った。さらに囚人の毛髪をかつら屋に売る副業でかなり儲けた。

1828年イングランドのランカスター城で絞首刑にされた21歳のジェーン・スコットの遺体はプレストンの医師トマス・モンクが買い上げた。ジェーンの処刑は特殊な状況になった。母親に毒を盛って有罪となった彼女は、有罪判決を受けると食べるのをやめてしまった。ひどくやせ衰えた彼女は、絞首台に連れていかれると幼児用の食事椅子に座らされて縛られた。首に首縄をかけられると、すぐに絶命し椅子から外された。モンクは彼女を煮込んで肉を骨から外すと、骨をワイ

ヤーでつないで骨格模型として診療所で使った。その後彼女の骨はリブジー氏の手に渡り、彼の家族は骸骨に「オールド・ジェーン」と名づけた。彼女の骨は白色塗料を塗られてリブジー氏の孫たちの格好のおもちゃになった。孫たちは特に上腕の骨をバチにして太鼓をたたくのがお気に入りだった。

頭蓋骨に生える苔

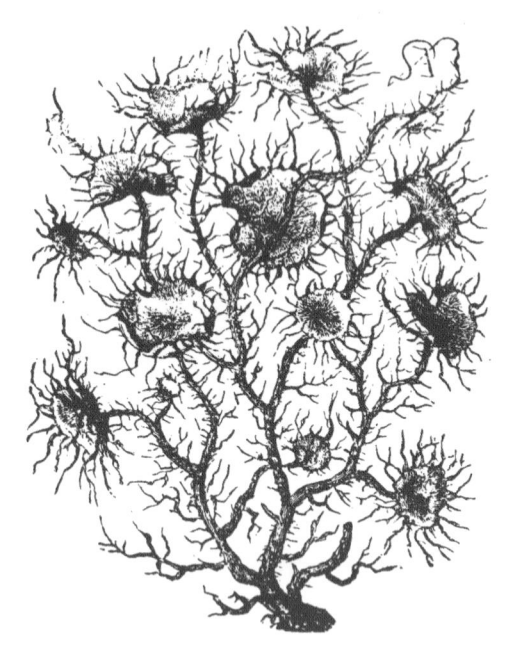

　中世やルネッサンス期の医薬に関する奇妙な理論を表しているのが、サルオガセ等、頭蓋骨表面に生えた菌類や藻類の共生体の需要だ。これらは止血剤としてよく使われていた。頭蓋骨は戦闘や処刑など暴力的な死に方をした遺体のものであることが重要だった。生きている間、強い精神や生命力は主に頭に宿ると信じられており、暴力を受けて死ぬと、こういったよい気は頭蓋骨のてっぺんに集まると考えられていた。頭蓋骨に生えた地衣類は、この濃厚な自然の滋養に根を広げ7年間吸収する。大事なのは死の際に大量の出血をしていないことだ。出血すると薬効が落ちるからだ。死んだ人間は、肉体は腐敗するが、すべてのエネルギーの元となる脳は頭蓋骨に吸収されるため、頭蓋骨は治癒力の宝庫であると考えられていた。そこから採取される苔の効能は非常に高く、同じ理論で、粉にした頭蓋骨自体も薬効が高くすべての病気を治癒すると考えられていた。

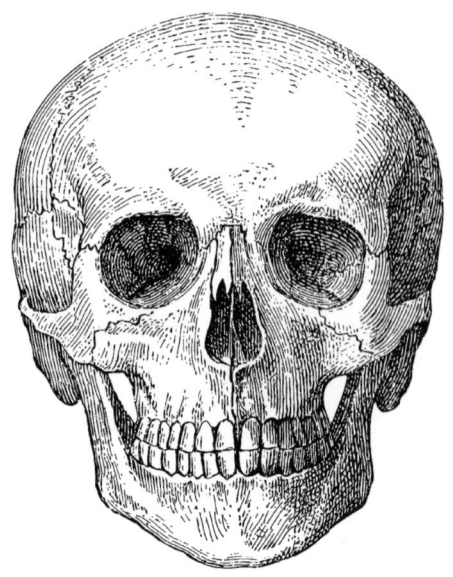

左：抜け目のない薬剤師は、腐敗していく頭蓋骨をいくつか棚に保有していた。頭蓋骨に生えたサルオガセには高い値がついた。

　治癒力はさておき、ある種のサルオガセには実際に消毒作用がある。よくある軽い病気に鼻血があるが、苔を丸めて鼻の穴につめることは、苔の種類によらず確かに止血の役に立つ。あるオランダ人の医者は白亜（石灰）かまだ温かい豚の糞を鼻の穴に詰めると同じように鼻血の止血に効果があるとしている。

恐ろしい警告

　国によっては、絞首刑後の遺体をすぐに降ろすことにしていることもあれば、遺体をつるしたままにして、犯罪予備軍に法を破るとどうなるかを思い出させるための恐ろしい見せしめにする国も多かった。イングランドでは、囚人の遺体はさらし柱に吊るしたままにされた。遺体をなるべく長持ちさせるために、まず全身にタールを塗り鉄の籠に入れて横木に吊るす。おいはぎは通常犯罪現場近くに吊られた。ごく普通の市民が、ぶら下げられた死体を見るためにロンドンのハイドパークを散歩しているという話はよく聞かれた。死刑を宣告された囚人は平静を装っていても、鍛冶屋がさらし柱用の籠のために囚人の体のサイズを測りにやってくると泣き崩れ、取り乱すのだった。

　ドイツのハンブルグでは体の様々な器官が、斬首や車輪刑を行う漆黒の石造りの壇や絞首台を飾った。中世やルネッサンス

下：ヨーロッパの町では市壁のすぐ外に首吊り台が設けられた。囚人の遺体は犯罪人への見せしめのために吊るされたまま腐っていった。

HUNG, DRAWN, AND QUARTERED

上：多くの町では処刑された囚人の遺体の一部を盗むことは禁止されていた。絞首台の規則を破る者は絞首台に上る運命だということだ。

期には遺体は絞首台に放っておかれ、腐ってくずれるか地面に落ちるままにされるのが普通だった。16世紀のニュールンベルク絞首台は四角形で、レンガや石の台の上に設けられ、真ん中には不気味なくぼみがあった。腐った死体が下に落ちると、処刑執行人か助手が落ちたものをシャベルでくぼみにかき入れた。絞首台にくわえて絞首用の柱も付近にたくさん立てられており、処刑された囚人の頭や体のいろいろな部分がその上に積み上げられていた。折れてバラバラになった遺体の乗った車輪刑用の車輪もあちこちで見られた。

　こういった状況で、ニュールンベルグでは遺体の一部を切り取って記念にしたり、遺体の衣服を盗んだりといった軽犯罪がはびこるようになった。ゲオルグ・ソレンは柱に吊られて8日後、またハンス・シュナーベルは14日後に悪漢により地面に降ろされて衣服を盗まれた。彼らの衣服を盗んだものが誰であれ、きっといい洗濯屋を知っていたに違いない。ソレンは両脚が切り落とされて上半身だけ残っており、胸の悪くなるような惨状を呈したので、早めに地面に降ろされて遺体用の穴に投げ入れられた。ラインハルト・バルトマンは吊るされて3日後に、誰かが服を盗むために体を切り落とし、頭部だけがそのまま首縄に残った。とある巨根の囚人は靴下以外の衣服をすべて脱がされていて、町のご婦人たちが遺体を一目見ようと集まってきた。当局は事態に対応し、短パンを支給して遺体にはかせた。

デカ鼻の ジョージ・パロット

1800年代も終わりに近づく頃、アメリカ西部には大勢の荒っぽい無法者たちが現れた。彼らのなかでも悪名高かったのが、デカ鼻のジョージ・パロットだった。パロットとその一味はワイオミングの2人の法執行官を殺害した。彼らはメディスン・ボウ川付近で列車強盗に失敗し、逃げようとしたときにこの殺人を犯した。地元の法執行機関は報復するためパロットを追跡し、一味は1880年モンタナで捕らえられた。男たちは酒を飲んで酔っ払い、殺害の自慢を始めたところで逮捕された。裁判によりデカ鼻のジョージ・パロットは1881年4月2日の絞首刑を宣告されたが、彼はワイオミングのローリンズにある刑務所から脱走を企てた。脱走計画のニュースがローリンズの住民に流れると、200人の剛健な私刑集団がジョージに銃を押しつけて刑務所から連れ出し、電信柱に吊るした。

トマス・マギーとジョン・ユージン・オズボーンはパロットの死後、犯罪者の脳が潜在的な犯罪性を示しているかを調べるために彼の体のいろいろな部分を切り取った。パロットの頭蓋骨のてっぺんは荒っぽく鋸で開けられ、その部分はリリアン・ヒースという名の15歳の少女に進呈された。ヒースはのちにワイオミング初の女性医師となった。パロットの頭蓋骨は灰皿、ペン立て、ドアストッパーなどに使ったと

左：デカ鼻ショージ・パロットのあだ名の由来は一目瞭然だ。

言っている。

パロットの太腿と胸と顔の皮が剥がされた。死んだ男の乳首も含め、皮膚はデンバーの鞣し工場に送られ、靴と医療用のバッグが作られた。靴のほうはジョン・ユージン・オズボーンが保有し、ワイオミング初の民主党知事に選出された際、就任式でその靴を履いた。バラバラになったパロットの体はウィスキー樽に入れた塩水に約1年漬け込まれた後、マギーの診療所の裏庭に埋葬された。現在、デカ鼻のジョージ・パロットの皮膚で作られた靴は、ローリンズのカーボン・カウンティ博物館に、悪党パロットの頭蓋骨の下部と耳のないデスマスクとともに常設されている。間抜けな罪人と彼の邪悪な性行が後代の目にさらされるように保存されているのだ。

参考文献

※日本で翻訳出版されているものは日本語にて紹介しています。

Abbott, Geoffrey. *Female Executions: Martyrs, Murderesses and Madwomen.* Chichester, UK, Summersdale, 2006.

Abbott, Geoffrey. *Lords of the Scaffold: A History of the Executioner.* Cranbrook, UK, Eric Dobby, 2001.

Abbott, Geoffrey. *Rack, Rope, and Red-Hot Pincers.* Cranbrook, Kent, UK, Eric Dobby, 1997.

Arnold, Catharine. *Necropolis: London and Its Dead.* London, Simon & Schuster, 2007.

Borman, Tracy. *Witches: A Tale of Sorcery, Scandal, and Seduction.* London, Jonathan Cape, 2013.

Brooke, Alan, and Brandon, David. London: *The Executioner's City.* Stroud, Gloucestershire, UK, The History Press, 2007.

Brooke, Alan, and Brandon, David. *Tyburn: London's Fatal Tree.* Stroud, Gloucestershire, UK, The History Press, 2005.

Dash, Mike. *Thug: The True Story of India's Murderous Cult.* London, Granta, 2005.

Fielding, Steven. *Pierrepoint: A Family of Executioners.* London, John Blake, 2008.

Figes, Orlando. *A People's Tragedy: The Russian Revolution 1891-1924.* New York, Penguin, 1997.

Flannery, Tim, *Among the Islands: Adventures in the Pacific.* New York, Grove Atlantic, 2011.

Haining, Peter (ed.). *The Mammoth Book of True Hauntings.* New York, Running Press, 2008.

Halliday, Stephen. *Newgate: London's Prototype of Hell.* Stroud, Gloucestershire, UK, The History Press, 2012.

ジョエル・F・ハリントン著 日暮雅通訳『死刑執行人——残された日記とその真相』柏書房　2014

Hogg, Garry. *Cannibalism and Human Sacrifice.* Stroud, Gloucestershire, UK, The History Press 2007.

マイケル・ケリガン著　岡本千晶訳『図説拷問と刑具の歴史』原書房　2002

Opie, Robert Frederick. *Guillotine. Stroud, Gloucester-shire,* UK, The History Press, 2006.

Pierrepoint, Albert. *Executioner Pierrepoint: An Autobiography.* Cranbrook, Kent, UK, Eric Dobby, 2005.

Sarat, Austin. *Gruesome Spectacles: Botched Executions and America's Death Penalty.* Palo Alto, California, Stanford University Press, 2014.

St. John, Joe. *Throw Away the Key: Australian Justice System's Shame.* London, New Holland, 2014.

Sugg, Richard. *Mummies, Cannibals and Vampires.* Abingdon, Oxfordshire, UK, Routledge, 2011.

Meadows Taylor, Philip. *Confessions of a Thug.* New Delhi, India, Rupa, 2001.

スティーブン・トロンブレイ 著　藤田真利子訳 『死刑産業：アメリカ死刑執行マニュアル』作品社　1997

Wachsmann, Nikolaus. *KL: A History of the Nazi Concentration Camps.* London, Farrar, Straus & Giroux, 2015.

INDEX

Page numbers in **bold** refer to captions.

PICTURE CREDITS